はじめて学ぶ生命保険

ニッセイ基礎研究所 **松澤 登** 著

保険毎日新聞社

はじめに

　本書は、生命保険会社の行っている保険業の事情について、初学者向けに解説を行うものです。生命保険業には技術的な側面もありますが、生命保険の知識のない方にもわかるようになるべくわかりやすく解説することに努めています。

　本書は、生命保険に加入したいという人よりも、生命保険業界に興味のある学生や生命保険会社をはじめとする金融業界に就職したての人に、知っておいてほしい事項を中心に幅広く解説を行います。興味のある方は、個々の事項についてさらに専門書にあたってみることをお勧めします。

　本書の構成は以下のとおりです。

　第1章は、生命保険の基礎を学びます。生命保険の成立ちや存在する理由、生命保険に関係する主体などを学んでいきます。

　第2章は、生命保険の商品について学びます。生命保険商品のルール、個人保険、団体保険など具体的な商品について解説します。

　第3章は、生命保険の募集について学びます。生命保険募集の概略、具体的な生命保険募集チャネル、保険募集ルールについて解説します。

　第4章は、生命保険会社の業務内容について学びます。生命保険契約の引受、保険計理、資産運用などについて解説します。

　第5章は、現在の生命保険会社をめぐる環境変化と生命保険会社の対応について学びます。少子高齢化といった環境変化や、デジタル化など競争条件の変動などへの生命保険会社の対応を解説します。

　まずは、第1章をお読みください。その後はどの章から始めても理解しやすいように書いています。

2021年2月

松澤　登

著者紹介

松澤　登（まつざわ　のぼる）

　株式会社ニッセイ基礎研究所常務取締役研究理事、大阪経済大学非常勤講師

　1985年東京大学法学部卒業、1989年ハーバードロースクール LLM 取得、金融審議会専門委員（2004〜2008年）、日本保険学会理事（2020年〜現在）、生命保険経営学会常務理事（2021年〜現在）

【主な著書・論文】

「金融機関の新たな破綻処理制度と保険会社の課題」保険学雑誌第626号（2014年）51頁、『Q&A 保険法と家族』（共著）（日本加除出版、2010年）、「生命保険会社の国際破たん処理制度の検討—EU，米国の制度を踏まえて—」保険学雑誌第609号（2010年）99頁、『保険法の論点と展望』（共著）（商事法務、2009年）、「英国オンブズマン制度に関する一考察—告知制度を中心に—」生命保険論集第168号（2009年）207頁、「保険仲介者と募集規制——日本、EU、米国を比較して」生命保険論集第164号（2008年）255頁、「英国と日本におけるプリンシプルベースの監督」生命保険論集第161号（2007年）195頁　　　等

目　　次

第 1 章　生命保険の基礎知識　*1*

第2章　生命保険の商品　49

第3章　生命保険の募集　95

第4章　生命保険会社の業務　*139*

Column 目次

第1章　生命保険の基礎知識

　本論に入るにあたって最初に言葉を定義します。生命保険を売る、販売するなどの言葉がありますが、正確にいうと2つの側面があります。まず、生命保険会社が、顧客との間で保険契約を締結することを「保険引受」といいます。保険を引き受けることで、生命保険会社は顧客に対して保障責任を負い、死亡などが発生した場合には保険金の支払義務を負います。他方、保険会社が「保険引受」するために、保険会社の従業員や保険代理店が保険会社と顧客の間を取り次ぐことを「保険募集」といいます。本書では保険引受と保険募集の用語を原則として使用します。ただし、文脈でのわかりやすさのために保険販売という言葉を使うことがあります。

　さて、第1章では、生命保険の基礎を学びます。本書では生命保険を中心に学びますが、生命保険会社の引き受けることができる医療保険などについても適宜触れていきます。

　本章では基礎知識として、生命保険がどのようなものか、そして、生命保険が必要とされる理由をまず説明します。そして、民間生命保険と補完的な関係にある社会保険についてみていきます。その後、生命保険が成立する過程である歴史を解説します。さらに生命保険業界のプレーヤーや監督を行う組織としてどのようなものがあるかを確認します。最後に保険業界に隣接する業界について解説します。

I　生命保険会社の引き受ける保険とは何か

本項では生命保険の基礎を学びます。保険には生命保険のほか、損害保険、あるいは医療保険など第三分野の保険と呼ばれるものがあります。これらはそれぞれどのようなものかということと、生命保険の日本社会に占める大きさについての説明を行います。

1　どのようなものを保険というのか

(1)　保険をかける

「日曜日にキャンプに行こう。でも雨が降ったらボウリングにしよう。」これは、日常的な会話におけるいわゆる「保険をかける」という行為です。つまり、キャンプに適さない悪天候であった場合には、別の遊び方をあらかじめ用意しているということです。

一般的にイメージされる保険も、何か困った事態が起こったときに備えて、困らないように別の選択肢を用意しておくという仕組みであると考えられます。たとえば、生命保険の主な機能の1つは死亡保障です。夫婦2人で働いて子育てをしているときに、どちらかが亡くなったら、子どもを育てる資金や生活費に困ることが想定されます。死亡という事故（ここでいう事故は亡くなることをいい、病気によるかケガによるかを問いません）の発生に備えて、死亡保険に加入することが考えられます。夫または妻の収入の代わりとして、死亡保険という選択肢を用意しておくということです。

(2)　リ ス ク

「働いて生活費を稼いでいる人が亡くなって収入がなくなるかもしれない」。このことをリスクといいます。「かもしれない」という言葉は、起きるか起きないかわからない、つまり、事故が起きることは確実ではない（不確実）ということを意味します。一定の物事が起こるかどうか、起こるとすれば、いつどのように起こるかが不確実であることをリスクといいます。

図表1　　投資商品のリスクとリターン

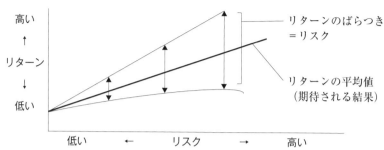

本来、リスクは必ずしも悪いことだけを指すのではありません。若干難しいですが、当初期待される結果と比較して、実際の結果がばらけることをリスクといいます。たとえば投資においては、投資商品からの実際の収益（リターン）が、期待されている収益から増減することをリスクといいます。良い意味、つまり予想より収益が上振れすることもリスクの意味として含まれます。たとえば2％のリターンが期待される投資商品を購入したときに、リターンが3％になったり、－1％になったりすることをリスクといいます（図表1）。

　他方、保険をかけるということに限ると、良いことが起きることに備える必要はありません。そこで、**第1章**に限り、リスクは簡単に「お金の必要が出てくる出来事（事故）が発生するかもしれないこと」をいうと、理解したうえで話を進めたいと思います。

(3)　リスクの移転

　リスクに対処するにはいくつかの方法があります。自動車事故を避けるために車の運転をやめてしまうというように、リスクを回避することも考えられます。しかし、日常生活を送るためにはどうしてもリスクが避けられません。その代わりに、保険契約により、保険料を支払って、リスクを移転するということが行われます（次頁図表2）。

図表2　　保険はリスクの移転

図表3　　保険法による保険の定義

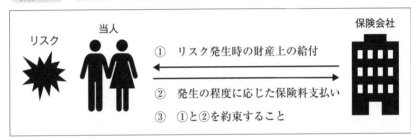

　リスク移転により、不確実な出来事自体が起きたときに、保険会社が当人になり替わってお金の必要性を満たします。ただし、保険の仕組みとして、AさんがBさんにリスクを負ってもらうという個人的なものではなく、同様な必要性を抱える可能性のある人が集まって（＝集団として）相互扶助を行うものです。そして、必要性が金銭的に計算可能であることが保険の要素であるともされています。

　保険の本質はリスクを他に転嫁することで、当人が安心して生活を送ることができるようにするところにあります。

　ここで、少し難しくなりますが、保険を定義しているものとして、保険契約に関する法律である保険法をみてみます。その第2条第1号に書いてあることを図にしたのが図表3です。

　条文を簡単に言い換えると、保険契約とは、名義のいかんを問わず、①保

険会社はリスクが発生した場合に、金銭支払いなどを行うこと、②当人が特定のリスクの発生の程度に応じて算定された保険料を支払うこと、③これら①②を保険会社と当人の間で約束することです。なお、法律ではリスクのことを危険といっています。

　この定義は今まで述べてきたことを法律的に言い換えただけのものです。①と③はいうまでもないと思いますが、ここで、注目していただきたいは、②で「リスク発生の程度に応じた」保険料を支払うという点です。ここは保険技術上必要となってくるもので、詳しくは本章Ⅲ1で説明します。ここでは、たとえば、リスクが低い人より、リスクが高い人の生命保険の保険料のほうが高くなる、ということだと覚えておけばよいでしょう。

2　どのようなものを生命保険というのか

　保険には生命保険と損害保険とがあります。そのほかに医療保険などの第三分野の保険と呼ばれるものもあります。本書では、生命保険会社が引き受けることのできる生命保険や第三分野保険を中心に取り扱いますが、ここでは損害保険から説明します。損害保険とは、「一定の偶然の事故によって生ずることのある損害をてん補する」ものをいいます。簡単にいえば、事故が発生したときに、「実損をてん補」するものが損害保険ということです。何らかの損害、たとえば火事で家が焼失して自身が損害を負う、自動車事故で歩行者にケガをさせて他人に生じた損害の賠償責任を負う、そういった自身の損害や他人の損害に対する賠償責任を、その額（＝実損といいます）を限度にてん補するものが損害保険です。

　他方、生命保険は「人の生存又は死亡に関し、一定の保険給付を行う」ものをいいます。典型的には人の死亡を保障する定期保険や、人の生存を重点的に保障する年金保険などがあります。

　このように、生命保険では「人の生存又は死亡」に対して支払いを行います。このことから、生命保険は「人保険」であるといわれることがあります。ただし、人の命に値段がついていない以上、人が生存することや死亡す

図表4　生命保険と損害保険の要素

	支払事由	給付の算定基準
生命保険	人の生存・死亡	定額
損害保険	財産（物）の損害	実際の損害額

ることそのものは損害ではありません。つまり、生命保険は損害をてん補するものではありません。

　しかし、人が死亡した場合、その人に扶養されていた人の生活費の当てがなくなります。喜ばしいことですが長生きをした場合には、長生きした分だけの生活費がかかります。このように生じたお金の必要性に対して「一定の保険給付」、つまり、あらかじめ決めておいた定額の支払いを行うものとされています。このように生命保険では定額を支払うために「定額払」保険と呼ばれることがあります。

　生命保険の要素が「人の生死」、「定額払」に係る保険であるのに対して、損害保険の要素は「財産（物）の損害」、「実損てん補」に係る保険とされています（図表4）。

　このことが大事なのは、次項で説明する、第三分野の保険と呼ばれる保険種類があるからです。

3　どのようなものを第三分野の保険というのか

　保険業法という保険事業を規制する法律では、生命保険会社は生命保険業と合わせて、第三分野の保険も引き受けることができると定めています。

　第一分野は生命保険、第二分野は損害保険です。そして、第三分野の保険とは、上述のとおり医療保険、あるいはがん保険などで、傷害や病気による入院や手術、あるいは障がい状態が残ったようなときに支払いが行われるものです。以降はこれらの商品を傷害疾病保険と呼びます。

　まず、傷害疾病保険は「人にかかわる保険」ではありますが、「人の生死」に関するものではないので、生命保険商品とはいいにくいです。他方、一般

図表5　第三分野保険のイメージ（保険業法）

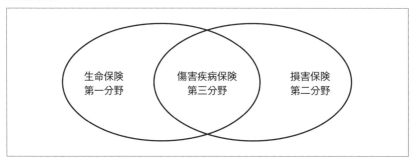

的に、傷害疾病保険で支払われる入院給付金や手術給付金は実費にかかわらず一日1万円支払われるなど定額のものが多く、「実損てん補」ではなく、損害保険ともいいにくいです。

　結局、傷害疾病保険は生命保険、損害保険の両方の特徴を持っていることを踏まえて、生命保険会社、損害保険会社のどちらもが引き受けることができることとされています（図表5）。

　ちなみに傷害疾病保険のうち、入院したら日額で1万円が支払われたり、手術をしたら20万円支払ったりといったような定められた金額を支払うものがあります。このような商品を傷害疾病定額保険といいます。

　他方、実損てん補型の傷害疾病保険もあります。これはたとえば実際に加入者が病院に支払った医療費の一定割合を支払うものです。公的健康保険では通常、実際にかかった医療費の3割が自己負担ですが、その3割を補てんするような商品です。これを傷害疾病損害保険といいます。

生損保の業際問題　Column 1

　本文で述べた保険業法は、生命保険会社と損害保険会社などの規制を行っています。この法律は1995年改正が行われるよりも前には、第三分野（傷害疾病保険）の保険について何も定めていませんでした。その

ため行政当局が商品性や売り方に制限をつけて、生命保険会社と損害保険会社のそれぞれに引受を認めていました。その後、1995年改正の際に第三分野の保険を、生命保険会社も損害保険会社のいずれもが商品性の制限なく、引き受けられるように制度を整備しました。なお、がん保険は日米保険協議の影響を受け、2001年まで大手生命保険会社には引受が認められませんでした。

　その後、保険契約の内容を定める保険法が2008年に定められましたが、その際には、給付額が定額のものを傷害疾病定額保険として、生命保険契約、損害保険契約とは別の契約類型として位置付けました。他方、給付額が実損てん補型である傷害疾病損害保険は損害保険の一種として位置付けることとしました。傷害疾病損害保険は保険業法では生命保険会社と損害保険会社の両方が引き受けられるものと位置付けられている一方、保険法では損害保険契約の一類型ということで整理が異なることになります。

4　生命保険業界の規模

　ここで、生命保険業界の規模のイメージをつかんでいただくため、いくつかの数字を挙げてみたいと思います。

(1)　生命保険会社が引き受ける契約の規模

　生命保険会社では、個人向け保険と団体向け保険の両方を引き受けていますが、ここでは個人向け保険だけを取り上げます。個人向け保険契約には個人保険と個人年金があります。

①　個人保険

　図表6は、個人保険の新規契約と保有契約について、件数、契約高、年換算保険料を表したものです。このうち、契約高とは、個人保険については、死亡保険金などその保険契約の主要な保険金額を足し合わせたものです。

　年換算保険料とは、保険契約者が1年間に支払う保険料の合計額のことで

図表6　　2019年度の個人保険の取扱高

個人保険契約件数		個人保険契約高（保険金額）	
新規契約	保有契約	新規契約	保有契約
2080万件	1億8748万件	49兆7172億円	829兆9003億円

個人保険年換算保険料	
新規契約	保有契約
1兆5457億円	22兆0404億円

出典：一般社団法人生命保険協会「2020年版　生命保険の動向」から抜粋。

す。

　月払保険であれば1年間の保険料を足すだけでよいのですが、たとえば一時払商品のように、商品加入時に一括して保険料を支払うような商品の取扱いが問題となります。これについては、保険期間中に平準化して支払ったと仮定した場合に、年間の保険料とされる金額としています。このように「換算」するのは、単に当年度の保険料を足し上げたものでみると、一時払商品がたくさん販売された年は業績が大きくみえすぎ、逆に販売できなかったときは業績が少なくみえすぎるためです。

　以前、生命保険業界の業績は、契約高がどれだけ増えたのか減ったのかを中心に考えられてきました。ところが、医療保険など保険金（給付金）額がそもそも小さい保険商品も多数販売されるようになり、契約高だけでは業績の推移を図るには不十分と考えられるようになりました。そのため、生命保険会社の収入となる年換算保険料も合わせて業績の物差しとされています。

　個人保険の取扱件数についてみると、日本の人口が約1億2650万人ですので、個人保険は1人当たり、約1.5件加入していることになります。また、個人保険の契約高829兆円については、その規模がわかりにくいですが、たとえば日本の名目GDPが約552兆円（2019年）なので、その約1.5倍となります。

図表 7　2019年度の個人年金の取扱高

個人年金契約件数		個人年金契約高（年金原資）	
新規契約	保有契約	新規契約	保有契約
92万件	2123万件	5 兆2534億円	102兆5093億円
個人年金換算保険料			
新規契約	保有契約		
3928億円	6 兆1958億円		

出典：**図表 6** と同じ。

②　個人年金

　次に、個人年金の新規・保有件数、契約高、年換算保険料についての各種数字が図表 7 です。

　個人年金の契約高についてですが、たとえば月払型の個人年金では払い込まれた年金保険料を毎月積み立てていきます。年金支払いが開始される時点で積み立てられることとなる金額を年金原資といいます。個人年金の契約高は、この年金原資を足し合わせたものになります。

　個人年金の保有契約件数は2123万件で、契約高は102兆円です。個人年金に加入している人は 6 人に 1 人くらいと考えられます。また、契約高については、日本の通常予算が約100兆円なので、日本の国家財政に匹敵する大きさになっているということができます。

(2)　保険金等の支払い

　図表 8 は生命保険会社から支払われる保険金等について示したものです。生命保険会社から支払われるお金はここに記載したものだけではなく、解約返戻金や年金などもあります。ここでは主な支払金である死亡保険金・満期保険金と入院給付金・手術給付金を記載しています。

　死亡保険金と満期保険金を合わせると毎年 6 兆円弱の支払いがあります。

図表8　　2019年度の支払保険金等

死亡保険金		満期保険金	
件　　数	金　　額	件　　数	金　　額
118万件	3兆2008億円	122万件	2兆6829億円
入院給付金		手術給付金	
件　　数	金　　額	件　　数	金　　額
757万件	7330億円	471万件	4683億円

出典：図表6と同じ。

　また、入院給付金と手術給付金は件数の多さに着目してください。同一の機会に入院・手術を行うなど、両方の給付金が支給されることも多いですが、両方合わせて1年間で約1200万件の支払いが行われています。

⑶　総資産の推移

　総資産の推移を年度ごとにみたのが図表9です。業界全体で390兆円を超えています。

　これがどの程度の大きさかを理解するために銀行業界と比較します。全国銀行協会の資料によれば、都市銀行（メガバンク）5行の預金量の合計が、411兆円、地方銀行（第二地銀除く）の預金量の合計が291兆円です。生命保険会社の管理する資産は銀行業界と並ぶ規模となっています。

図表9　　年度別総資産の動向（全社計）

2015年度	367兆1678億円	2018年度	387兆7945億円
2016年度	375兆5051億円	2019年度	392兆7350億円
2017年度	381兆2751億円		

出典：図表6と同じ。

II　生命保険・傷害疾病保険の必要性

　本項では生命保険・傷害疾病保険（第三分野保険）の必要性について解説します。これらの必要性を考えるにあたっては、実際に死亡時や入院時にどの程度お金がかかるのかということはもちろん大事です。本項ではそれらに加え、社会保険について解説を加えることとします。社会保険では十分でないところに民間保険の必要性があるといえるからです。

1　生命保険はなぜ必要か

(1)　死亡保険

　まず、死亡保険について考えてみたいと思います。死亡保険はある人が死亡したときに保険金の支払いを行うものです。先ほど挙げたように、若い夫婦がいて、小さな子どもがいるときに、夫婦のどちらかが亡くなってしまったとすれば、経済的に困ってしまいます。

　まず、若い夫婦ですので、それほど貯金があるとは思われません。これから貯金をすることを考えている段階でしょう。そこで、生命保険が必要となります。よくいわれるのが、「預金は三角、保険は四角」という言葉です（図表10）。

　つまり、預金は今月1万円支払ったら1万円の価値しかありません。しかし保険では、1万円の保険料で3000万円の死亡保険に入っていれば、本人が

図表10　預金は三角、保険は四角

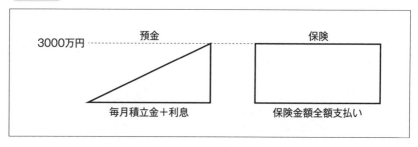

不幸にも亡くなった場合には、今月1万円払ったものが3000万円のお金となって返ってくるということです。

(2)　個人年金保険

　生命保険のもう1つの生存にかかわる保険はどうでしょう。生存保障を重視した保険商品の例としては個人年金保険があります。これは老後資金の保障を目的とするものです。老後資金に対しては、貯金、退職金などでも準備ができます。また、後述のとおり、厚生年金、国民年金といった公的年金があります。ただ、公的年金の給付金額で十分かどうかは人によります。厚生労働省によれば、夫が厚生年金に加入しており、妻が専業主婦というモデル世帯の平均公的年金支給額は月額約23万円とされています。この金額をみなさんはどう思われるでしょう。

老後資金問題　　Column 2

　政府の審議会で、自分が準備すべき老後資金が、多ければ2000万円は必要であるとした報告書が話題になりました。報道をみる限り、2つの問題があまり区別されずに議論されたようにも思えます。公的年金制度の財政が将来的にも維持できるかどうかという問題と、その制度から給付される個々人の公的年金が老後資金として十分かという問題です。

　公的年金制度は税金を原資とする公的資金を一定導入するとともに、年金額を抑制し、保険料額を引き上げることで年金財政が破綻を引き起こさないようにしました。このことをもって公的年金制度の財政は大丈夫であるとはいえます。

　他方、その公的年金額で老後の資金が十分かといえば、不十分である人もいると考えられます。先ほど挙げたとおりモデル家庭での公的年金額は23万円程度ですが、生命保険文化センターの令和元（2019）年度のアンケート調査によれば、夫婦2人の老後の最低日常生活費の平均は22.1万円程度となっています。一方で、ゆとりある老後の生活費とし

て、いくらくらい必要かとの質問に対しては、上記の日常最低生活費込みで、合計で平均36.1万円との調査結果が出ています。公的年金以外でどの程度準備するのかは、老後の生活スタイルをどうするかによって変わってくるものと考えられます。

　この報告書は金融審議会傘下の部会で作成されたものの、結局、金融審議会総会では議論されませんでした。しかし、多くのマスコミ報道がなされるなど話題を呼んだために、老後資金の準備が必要だということは世間に知られるようになりました。

(3)　社会保険

　ここからは、生命保険や傷害疾病保険の必要性を考えるにあたって、公的な保障制度がどうなっているのかをみていきます。公的制度で十分に保障があるのであれば、私的保険である生命保険・傷害疾病保険は必要ないからです。また、社会保険の給付があるということは誰もが直面する問題であるということであり、それをみることで、どこに民間保険のニーズがあるかわかるからです（図表11）。

　日本では公的な保障は社会保険制度として運営されています。社会保障として考えられる方式としては、税方式と社会保険方式です。

　たとえば英国の公的健康保険である国民保健サービス（National Health

図表11　社会保険とそれを補足する民間保険の関係

	社会保険	民間保険
年　　金	老齢厚生年金・老齢国民年金	個人年金・団体年金
死亡保険	遺族厚生年金・遺族基礎年金	死亡保険
障　　害	障害厚生年金・障害基礎年金	高度障害保険（死亡保険）
医　　療	公的健康保険	医療保険
介　　護	介護保険	介護保険・認知症保険

Service：NHS）は、税金を財源としており、税方式を採用しています。税方式では、給付のための財源は税金として徴収されます。税方式においては、たとえば課税最低額以下の収入の人からは（消費税は別として）徴収されていないこととなりますが、保障の給付はなされます。

　社会保険方式であれば、仮に税金を払っていても、保険料の納付がなければ給付がなされません。ただし、収入の少ない人に対しては保険料の免除制度などがあり、一定の配慮がなされます。

　なお、日本でも国民健康保険は社会保険方式ですが、保険料の徴収方式としては自治体によって保険税という名目で徴収しているところがあります。

2　社会保険の特色

(1)　強制加入

　社会保険では一定の条件に当てはまる人は強制加入とされる一方で、社会保険制度側から加入を断られるといったことはありません。これは国としての健康で文化的な生活に関する最低保障であることや、健康保険で病気の人が入れないとすることは、制度趣旨に添わないからです。

　私的保険では契約者の任意加入である一方で、保険会社にも契約を結ぶかどうかの自由があります。また生命保険や医療保険については**第4章**で述べるように危険選択が行われる商品が一般的で、病気の人など保険会社の設定する基準に満たない人は保険に加入できないことがあります。

(2)　給　付　額

　社会保障では公的年金の一部など給付額が、払込保険料に応じて変化するものもありますが、多くは必要性に応じた給付がなされます。必要性とは、たとえば健康保険であれば傷害や疾病の治療に必要となる医療費です。

　私的保険、特に生命保険では事前に定めた契約に基づいた一定の金額が支払われます。必要な費用が賄えるかどうかには関係がありません。

(3) 保　険　料

社会保険の保険料は、加入者が得る利益に比例して費用負担するという「応益負担」ではなく、どれだけ保険料を負担できる能力があるかということに基づいた「応能負担」の考え方に基づいて徴収されます。また、加入者の抱えるリスクに関係なく保険料が徴収されます。

私的保険では、支払われる保険金額に応じて保険料が定まります。つまり、応益負担の考え方に基づきます。加えて、その人のリスクに応じて保険料が定まります。

(4) 財　　源

社会保険では、保険料で制度を運営するのが基本となっていますが、税金をもとにした公的資金が入っていることが多いです。また、赤字が想定される制度に、別の制度から財政援助をすることもあります。制度によって異なりますが、社会保険全体では6割が保険料、4割が税金であるといわれています。

私的保険では、保険料だけで制度が運営されています。

3　公的年金

社会保険制度として、最初に公的年金制度を説明します。公的年金は普通、退職後の老齢年金を目的として加入します。老齢年金は、生命保険会社が提供する商品のうちの個人年金保険・団体年金保険に相当します。

また、公的年金は配偶者が死亡したときに一定の遺族年金給付を行う点で死亡保険と同じ機能も持っています。

さらに自身が障害状態になったときに障害年金給付が受けられる点で、生命保険の死亡保険で支払われる高度障害保険金や、就業不能保障保険（第2章Ⅲ3(5)参照）と同じ機能を持っています（前掲図表11をご覧ください）。

図表12は、公的年金の概念図です。日本に居住する20歳以上60歳未満の人は必ず国民年金に加入することになります。また、厚生年金の適用事業所

図表12 日本の公的年金制度の仕組み

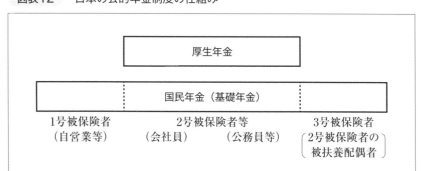

（後記(2)）に勤める従業員や公務員は、厚生年金に加入することになります。

(1) 国民年金

日本国内に居住する20歳から60歳未満の人で厚生年金に加入していない人は、国民年金の第１号または第３号被保険者となります。第１号被保険者には学生、自営業者、農業従事者など厚生年金に加入しない人が該当します。また、厚生年金保険の被保険者に扶養される人であって年収が130万円未満の人（日本に居住し、20歳から60歳未満の人）は第３号被保険者となります。ただし、収入が130万円未満であっても、パートやアルバイトで働いていて106万円以上の年収があり、一定の条件に当てはまる人は厚生年金保険の被保険者（第２号被保険者）となります。

第１号被保険者の保険料は月額16,540円（2020年度）です。第３号被保険者の保険料は、扶養する人の厚生年金保険料に含まれて納付しているものとみなされます。

なお、厚生年金の被保険者の定額部分は国民年金制度と共通となっています（基礎年金といいます。次の(2)をご覧ください）。

(2)　厚生年金

　株式会社などの法人の事務所や、個人事業であっても 5 人以上常時雇用している人がいる事務所は「適用事業所」に該当します。「適用事業者」で働く人のうち、次の要件を満たす場合には、厚生年金の加入義務があります。

　まず、70歳未満の常時雇用の人は厚生年険の加入義務があります。常時雇用ではないものの、短時間であっても定められた基準以上の勤務を行う人も加入義務があります。なお、20歳未満であっても、適用事業所に雇用される人は厚生年金への加入義務があります。

　厚生年金保険料は被保険者の給与（標準報酬月額）と賞与（標準賞与額）にそれぞれ一定割合（18.3％）を掛けたものを納付します。保険料は加入者と事業主で折半します。この一定割合はこれまで時間をかけて引き上げられてきたものです。今後は、これ以上引き上げられることはないとされています。

　厚生年金には定額部分（上記(1)参照）と報酬比例部分があります。定額部分は(1)で述べた国民年金と共通の制度で、基礎年金と呼ばれます。厚生年金保険加入者を第 2 号被保険者と呼びます。

　厚生年金の報酬比例部分の年金額は、標準報酬月額や、標準報酬月額と標準賞与額を合算したものを計算の基礎として算定された金額が支給されます。なお、算式は複雑なので、ここには記載しません。ご興味のある方は日本年金機構のホームページをご覧ください。

(3)　公的年金の給付

　公的年金の給付は、老齢国民年金、老齢厚生年金といったように老後保障がメインです。国民年金加入期間の全期間満額納付した人（第 1 号被保険者・第 3 号被保険者）の老齢国民年金額は、全員一律で年額781,700円（2020年度）です。保険料未納期間や免除期間がある場合は減額されます。

　老齢厚生年金額は所得によって変わるので満額がいくらかを示すことはできません。ただ、厚生年金受給権者の平均老齢年金額は、2018 年度末現在

で月額14万4千円となっています（厚生労働省「厚生年金保険・国民年金事業の概況」）。仮に夫婦共働きで満額厚生年金保険料を払ったとしても老齢年金として支給を受けられるのは29万円程度です。また、前述のモデル世帯（1⑴）では前述のとおり23万円程度です。超高齢社会であり、かつ老齢年金が終身年金であることを考えるとやむを得ない水準かもしれません。前記Column2でも述べましたが、この金額を踏まえたうえで、自分たちには足りないと考える人は個人年金保険の加入を検討してもよいでしょう。

　公的年金で見過ごされがちですが、意外と重要なのは、障害年金と遺族給付です。

　障害年金には国民年金から出る障害基礎年金と、厚生年金保険の被保険者には厚生年金から出る障害厚生年金があります。保険料を一定期間以上払い込むか免除されていて、過去1年に未納分がないなど一定の条件を満たした人が所定の障害の状態になったときには、これらの年金が支払われます。障害基礎年金は定額の年金が、障害厚生年金は加入期間と標準報酬額から算定される年金が支払われます。厚生労働省によると障害年金の平均支給月額は、102,855円です（2018年度）。

　また、国民年金では被保険者である本人が死亡したときに、原則として18歳未満の子のある配偶者に対して遺族年金が支払われます。厚生年金保険の被保険者である本人が亡くなった場合には、18歳未満の子のある妻に遺族厚生年金が支払われます。また、一定の年齢（45歳から65歳になるまで）の妻に加算される制度があります。厚生労働省によると、遺族年金の平均支給月額は83,704円です（2018年度）。

　一部のSNSなどにおいて、公的年金は当てにならないから、民間保険会社の個人年金に入って公的年金保険料は払うものではないなどとの書込みがあったりしますが、公的年金が終身給付であることや、障害年金、遺族年金が出ることを考えると社会保険の保険料を払わないのは論外です。社会保障と生命保険や就業不能保障保険などとを、どのように組み合わせて準備をしておくか考えることが必要でしょう。

4　公的健康保険

(1)　制度の概観

　日本では国民皆保険制度を採用しています。公的健康保険はおおむね以下のような区分で制度が運営されています。

---

①　民間会社の従業員は、企業が設置する健康保険組合、または全国健康保険協会（協会けんぽ）に加入します。

②　公務員や私学の大学教員は各種の共済組合に加入します。

③　これらに属さない人は市区町村が運営する国民健康保険に加入します。

④　すべての75歳以上の人は後期高齢者医療制度に加入します。

　なお、船員向けにも別途健康保険が提供されています。

(2)　保 険 料

　保険料は、被保険者である期間は毎月納付することになります。保険料の額は、以下のようになります。毎月の給与からの引去り金額と、賞与からの引去り金額の2つがあります。

毎月の保険料

＝被保険者の給与（標準報酬月額）

　×保険料率（一般保険料率＋介護保険料率（介護保険料は40歳以上のみ））

賞与時の保険料

＝被保険者の賞与（標準賞与額）

　×保険料率（一般保険料率＋介護保険料率（介護保険料は40歳以上のみ））

　医療にかかる保険料である一般保険料率は、制度ごとに異なっています。ここでは健康保険組合の保険料についてのみ述べます。

　健康保険組合の保険料は標準報酬月額（毎月）と標準賞与額（賞与時）に一定の保険料率を掛けたものですが、この率は組合ごとに異なります。健康

保険組合のない企業の従業員が加入する協会けんぽの標準的な保険料率が10%ですので、健康保険組合はそれよりも低い料率を定めているところが多いようです。保険料は事業主と従業員で負担します。それぞれの負担割合は組合が自主的に定めることができます。

⑶　給　　付

公的健康保険では現物給付がなされるのが一般です。つまり医者にかかったり、入院したりするときに実費全額を被保険者が窓口で払うのではなく、健康保険組合等から医療機関に支払われるのが基本です。医療サービスの提供そのものが保険給付であるということです。

ただし、かかった医療費の一定割合については医療機関の窓口で支払わなければなりません。自己負担額は以下のとおりです。

①　義務教育就学前　　　2割
②　義務教育就学時から70歳未満　　　3割
③　70歳以上75歳未満　　　2割
　　　ただし、現役並み所得者は　　　3割
④　75歳以上　　　1割
　　　ただし、現役並み所得者は　　　3割

なお、医療費の一定割合を自己負担額としているため、重い病気にかかった場合などに負担が過重になるおそれがあります。そこで、同一月（1日から月末まで）にかかった医療費の自己負担額が高額になった場合、一定の金額（自己負担限度額）を超えた分が、あとで払い戻される制度があります。これを高額療養費制度と呼びます。

入院した場合の費用としては治療費だけではなく、差額ベッド代や家族の交通費などもかかります。入院したときに費用がどの程度かかるかについて調査したものとして、生命保険文化センターの令和元（2019）年度「生活保障に関する調査」があります。それによると1日当たり平均で23300円か

かったとされています。このことを踏まえて、民間の医療保険の加入を検討するとよいでしょう。

5　公的介護保険

　介護保険は65歳以上、および40歳から64歳で、健康保険等の公的医療制度に加入している方を対象とした社会保険制度です。

　65歳以上の人は第 1 号被保険者として、要介護状態または要支援状態と認定された場合に、介護サービスを受けることができます。40歳から64歳の人は第 2 号被保険者として、老化に起因する一定の疾病によって要介護状態または要支援状態になったときに、介護サービスを受けることができます。介護保険の運営主体は市区町村です。

(1)　保　険　料

　第 2 号被保険者の保険料は公的健康保険の保険料と合わせて徴収されます。保険料は標準報酬月額と標準賞与額の一定割合です。協会けんぽではこの割合を1.79％としています（2020年 3 月末より）。

　第 1 号被保険者の保険料は、公的年金から天引きされることによって徴収されます。保険料率は被保険者の収入によって、標準的には 6 段階に分けられています。厚生労働省の資料によれば、全国的に平均的な保険料は月額5000円弱です。

(2)　財　　　源

　介護保険の財源の50％は公的な財源です。内訳は国（25％）、都道府県（12.5％）、市町村（12.5％）です。残りの50％は被保険者から徴収する保険料です。第 1 号被保険者からの保険料の負担割合は23％となっており、残りの27％が第 2 号被保険者からの保険料です。第 2 号被保険者の保険料はそのまま居住地の市区町村に振り分けられるのではなく、全国でプールされたあとで、市区町村の財源状況に応じて分配されます。

⑶　給　　付

介護保険の給付は現物給付です。以下のような給付があります。

①　在宅サービス	訪問介護、通所介護等	
②　地域密着型サービス	定期巡回・随時対応型訪問介護看護、認知症 対応型共同生活介護等	
③　施設サービス	老人福祉施設、老人保健施設等	

　給付を受けるには、まず市町村からの要介護認定を受ける必要があります。要介護あるいは要支援の認定を受けると、ケアプラン（介護計画書）を作成します。ケアプランは、一般的には、要介護認定の場合は民間の居宅介護支援事業所所属のケアマネジャーに、要支援認定の場合は地域包括支援センターのケアマネジャーに作成してもらいます。

　このケアプランに沿って、介護サービスや介護予防サービスが提供されます。利用にあたっては、原則として利用者は費用の１割を負担しますが、収入が多い場合は２割または３割負担が求められることもあります。

　今では、２世代、３世代が同居して相互に扶助しあうような状況にはなく、また2020年には75歳以上の高齢者が、約1872万人（人口の約15％）にもなった日本においては介護保険の存在は重要です。

　しかし、一部の施設サービスは別として、介護保険は通常、要介護の人を24時間見守るようなものではありません。したがって、家族の負担が生じることとなります。親の介護のために会社を辞める介護離職などの問題も社会問題となってきています。

　生命保険文化センターの平成30(2018)年度「生命保険に関する全国実態調査」によると、平均的な介護期間は、４年７か月であり、この間に公的介護保険サービスの自己負担費用を含む月々の介護費用は、平均7.8万円くらいかかったとされています。このような数字も参考としながら、自助努力として、事前準備が求められます。

6　まとめ

　社会保険のことは断片的に聞くことはあっても、なかなか学ぶ機会はなかったかと思います。年金、傷害・死亡、医療、介護といった社会保険が保障する仕組みは、ひととおりメニューとしてはそろっています。しかし、日本は少子高齢化の中で、保険料を負担する人が減少し、給付を受ける人が増加するという構造にあります。そしてこの構造は人口構成の変化によるものであるため、今後も流れとして大きく変わることはありません。

　また、それぞれの制度でみたとおり、社会保険がすべての人にとって十分であるとはいえない部分があります。

　生命保険会社の提供する商品は、社会保険が提供する保障を補完する役目を果たしています。万が一の死亡やケガ、それから必ず来るであろう老後に備えて生命保険等に加入することを検討することが重要です。

Ⅲ　保険の仕組み

　本項では、生命保険を成り立たせる仕組み、生命保険の当事者、および生命保険のお金といった生命保険を学ぶうえでの基礎的な用語・原理を解説します。このあとの本書を読むにあたっての基礎部分になります。

1　生命保険を成り立たせる法則・原則

(1)　大数の法則

　前記Ⅰで述べたとおり、保険は同じリスクを抱えた人の相互扶助制度です。そして、生命保険業は、「大数の法則」を前提に成り立っています。大数の法則とは、サイコロで説明されます。サイコロは1から6の6つの目からなっており、それぞれ等しい確率で出ることがわかっています。そのため、6回投げても1の目が必ず1回出るわけではありませんが、回数を多く振れば振るほど、それぞれの目は6分の1に近い回数で出ることになります（図表13）。

　死亡保険に関していえば、男女別年齢ごとの死亡率は広く調査されています。たとえば特定の30歳男性であるAさんが死亡するかどうかはわかりません。しかし、30歳男性がどのような確率で死亡するかはわかっています。したがって、多くの30歳男性を集めてくると、サイコロを多く振るのと同じように、それらの人のうち何人が死亡するかが、一定の確率で計算することができます。

図表13　大数の法則

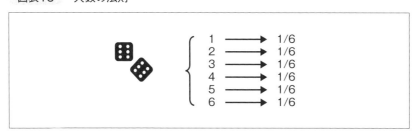

図表14　収支相当の原則

このように発生確率がわかると、保険金の支払見込額がわかります。支払見込額がわかると、その支払見込額を加入者数で分割することで、事前にいくら保険料を徴収すればよいかがわかります。

(2)　収支相当の原則

次に、収支相当の原則というものがあります。これは保険料収入の総計と、保険金支払いの総計とが等しくなるように保険料を設定するという原則です（**図表14**）。

たとえば、ある年齢、たとえば30歳男性が1年間に10,000人に1人が死亡するとします。この確率は前述の大数の法則から導かれます。このときに死亡保険金を100万円として、30歳男性10,000人を加入者として集めてきたときの年間保険料（期初に支払ってもらう）は、以下のようになります。

年間保険料（期初）＝100万円×1人÷10,000人＝100円

(3)　給付反対給付均等の原則

収支相当の原則と紛らわしいですが、こちらは個人に着目した原則です。ある個人が生命保険に加入するときに、その人の死亡確率に応じた保険料を

図表15　給付反対給付金等の原則

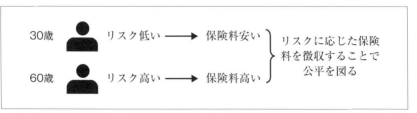

負担すべきとする原則をいいます（**図表15**）。

　つまり、リスクの高い人には保険料が高く、リスクの低い人には保険料が安くなることをいいます。このように保険料水準を変えることで、加入者間の平等を図ります。

　一例を挙げると、30歳男性の死亡率と60歳男性の死亡率を比較すると、60歳男性の死亡率のほうが高いです。したがって、同じ保険商品に加入する場合であっても、30歳の男性が支払うこととなる保険料より、60歳男性が支払う保険料のほうが高くなります。

2　生命保険の当事者

　生命保険では、生命保険会社が保険者として保険契約を引き受けます。生命保険契約を生命保険会社と締結する人を、保険契約者といいます。保険契約者は保険会社に契約を申し込み、保険料の払込みを行います。

　その人の生命に保険がかけられる人を被保険者といいます。言い換えれば、その人が死亡するか、ある年齢まで生存することによって保険金が支払われるとされる人が被保険者です。保険契約者と被保険者は同じ人の場合もあれば、別人である場合もあります。

　また、死亡など保険金給付事由が発生した場合に、保険金を受け取る人のことを保険金受取人といいます（次頁**図表16**）。

図表16　保険契約者・被保険者・保険金受取人

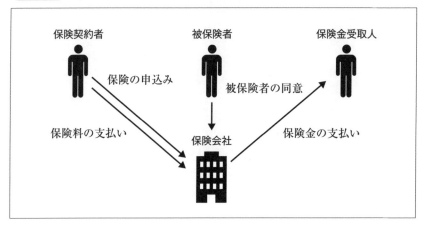

　保険契約者、被保険者、保険金受取人と、生命保険会社以外に 3 人の関係者が出てきました。保険契約者と被保険者が同じ人である場合も多いです。たとえば、ある夫婦で、夫が自分を被保険者とする生命保険契約を締結すると保険契約者と被保険者は同じ人となります。この場合、保険金受取人を妻とすると、夫死亡時の遺族保障として有効なものとなります。

　保険契約者と被保険者が別人の場合は、生命保険契約を締結するにあたっては、被保険者が生命保険契約の締結に同意することが必要となります。保険金受取人は保険契約者が指定します。

　被保険者同意の取得および保険金受取人の指定等については、**第 2 章Ⅱ2(3)・(4)**で取り扱います。

3　生命保険契約のお金

　生命保険契約を締結すると、保険契約者は保険料を支払う必要があります。生命保険契約締結後の保険契約者の義務としては、保険料支払いがほとんど唯一といっていいと思われます。

　これに対して、被保険者の死亡など保険金の支払事由（これを保険事故と

呼びます）が発生したときには、生命保険会社は保険金受取人に保険金を支払う義務を負います。保険金には被保険者が死亡したときに支払われる死亡保険金と、約束した契約期間満了によって支払う満期保険金があります。ちなみに、医療保険などで生命保険会社から支払われるお金は保険金ではなく、給付金と呼ばれます。

　保険料は保険契約者が生命保険会社に対して支払うお金で、保険金や給付金は生命保険会社が支払うお金です。

　そのほか、重要なものとしては、保険契約者が生命保険契約を途中解約したときに、生命保険会社から支払われるお金である解約返戻金があります。これらの点は第4章Ⅳで詳しく解説します。

Ⅳ　保険の成立ち

　本項では生命保険の歴史を学びます。近代的な生命保険が出現してから、だいたい260年程度です。日本では140年程度です。

　現代の生命保険商品は、基本としてはこれら 2 ～ 3 世紀前に確立した技術に基づいています。生命保険の発展は社会経済状況を背景としていますが、この点を意識しつつ解説を行います。

1　欧州での生命保険史

　生命保険のはじまりははっきりしていません。ただし、生命保険の萌芽とみられるものが歴史の中でいくつかみつかります。

　生命保険の原型は、古代ローマ時代のコルレギアにみられるといいます。コルレギアでは入会金を支払って会員となり、死亡したときには葬儀費用が支払われたようです。

　欧州では商工業の発展とともに10世紀後半から、商業や工業の事業主で構成される同業者組合であったギルドが発展しました。ギルドには死亡時に相互扶助する仕組みがありました。

　15世紀以降の大航海時代には冒険貸借（または海上貸借）取引といって、商人が貿易商に航海の費用を出し、成功すれば大幅な利息を乗せて返済を受けることで商人は大きな利益を得ることが行われました。仮に、航海に失敗したらその前払費用は返さなくてよいというものです。このときに海上運送に携わる人や旅客の生命にも同様な取引がありました。しかし、冒険貸借取引は不当な高利を取る行為として、一時禁圧されました。

　そこで、次のような契約が行われました。まず、形だけ貿易商から商人にお金を貸し付けたこととします。貿易に成功した場合は契約が解除されます。他方、航海に失敗した場合には、契約は解除されず、貿易商が商人に貸し付けたとされるお金が貿易商に「返済」されます。そして貿易商はその金額を失敗した航海で失った船舶や商品などの損失に充当します。このような

契約のため、事前に一定の金額を、貿易商から商人に支払うものだったようです。これが現在の保険の原型だったとされています。

　このようにもともとは金銭貸借の形をとって、実質的な保険が行われてきました。正面から保険契約として締結されたものとしては、14世紀後半のイタリアの都市国家で行われたとされています。

2　英国における近代生命保険の成立

(1)　友愛組合

　その後、18世紀後半に産業革命が起こると、労働者階級が成立しました。厳しい労働環境に労働運動が頻発し、労働組合が結成されました。この労働組合と並行して成立したのが英国の友愛組合で、死亡時の保障など相互扶助を行いました。友愛組合では年齢にかかわらず、全員一律の賦課式保険料制度をとっていました。賦課式保険料とはその年に支払う保険金額を、その年に会員から徴収するものです。

　友愛組合は当初、労働争議との関係が深いとみられたことやフランス革命が起こった時期でもあり、禁圧されました。その後、労働者階級の相互扶助として、その意義が認められるようになり、1793年ローズ法により合法化されました。友愛組合は、全員一律の賦課式保険料方式をとっていたため、構成員が高齢化するとともに財政が悪化し、少なからぬ数の組合が破綻しました。それでも、英国の友愛組合は現在まで続いています。

(2)　賦課式保険をとる企業形態の保険会社の成立

　英国では1698年マーサーズ・カンパニー、1706年アミカブル・ソサエティなど賦課式を採用する企業形式の保険会社が成立しました。マーサーズ・カンパニーはすぐに破綻しましたが、アミカブル・ソサエティは掛金を固定し、掛金総額の一定割合を積み立て、残りを死亡保険金として支払うという方式をとりました。したがって死亡者が多ければ各人の受け取る死亡保険金は減少するなど、死亡保険金は変動しました。アミカブル・ソサエティは合

併をしながらも現在まで続いています。

　賦課式の問題は、年齢の高い人も若い人も同じ掛金額なので、年齢の高い人にとっては得ですが、若い人にとっては掛金が高すぎることになります。そうすると事業開始から時間がたつと若い人が加入せず、年齢の高い人ばかりになり、財政が悪化することにもなりました。

(3)　エクイタブル・ソサエティの設立

　1762年に設立されたエクイタブル・ソサエティの出現により、近代の生命保険の基礎が成立しました。彗星の名前で有名なハレーが生命表を作成し、生命保険の価格は年齢に応じて定められるべきとの提言を行いました。生命表（死亡表ともいいます）とは、統計に基づいて、男女別・年齢別の死亡率を調査し、その結果を示した表です。

　この提言に沿って、数学者であるジェームス・ドットソンらが設立を企画したのが、エクイタブル・ソサエティです。1763年にロンドンに地下鉄が開通するなど、エクイタブルが設立された1760年代は産業革命の初期と重なっています。

　エクイタブルでは生命表に基づく予定死亡率を用い、保険料が加入年齢時に定められ、加入期間中に変わらない平準保険料方式を採用しました（図表17）。エクイタブルは2000年に経営難により新規販売を停止するまで事業を継続しました。

図表17　エクイタブルの生命保険業の革新

項　　目	内　　容
年齢別平準保険料	加入時の年齢で定められた保険料額がずっと継続する
終身保険の販売	保障される期間が終身
解約返戻金・配当	契約者持分が認識されて解約時に返金、また余剰分を配当する
アクチュアリー任命	保険料・責任準備金の数理的な計算を行う専門家任命
医的診査	健康上のリスクを測定する

エクイタブル設立後は、泡沫的な保険会社が成立しては消滅することを繰り返してきましたが、1870年に保険会社法が成立して近代的な保険監督の基礎が確立しました。

この保険会社法では、責任準備金の積立て、自己資本規制、アクチュアリーの任命といった現在にもつながる保険監督制度が導入されています。保険監督についての詳細は**第4章**で取り扱います。

3　米国における発展

英国で成立した近代生命保険業は米国でも発展します。米国は1776年に独立宣言をし、以降、国内市場が1つになり経済発展が促進されます。ただし、政治的には強い中央政府への警戒があり、連邦と州の権限分配については現在にも続く論争があります。保険業については、現在でも州による規制が中心となっています。

米国においては1812年に設立されたペンシルベニア生命保険・年金会社が代理店を活用した積極的な拡大経営を行いました。

1861年マサチューセッツ州の保険監督官でアクチュアリーでもあるエリザ・ライトが不没収法を制定し、生命保険が解約されたときに解約返戻金を支払うことを義務付けました。このころの生命保険には積立金があっても解約時に返戻金が支払われないものでしたが、このような取扱いを禁止したものです。1867年に、後述するように福沢諭吉が渡米し、このころの現地の保険事情を調査しています。

米国でも泡沫的な生命保険会社が誕生・廃業するとともに、経営者が生命保険会社を財布代わりにする行為が行われた事例がありました。

20世紀に入って、1905年アームストロング委員会が生命保険業の調査を行い、いくつかの提言を行っています。その結果を受け、ニューヨーク州保険法が改正されました。内容としては、生命保険会社における役員権限を制限し、株式投資は禁止しました。また、据置配当の禁止、新契約費の制限などを行いました。

4　日本における生命保険史

　日本では江戸時代に講や無尽といった人々の寄り合いが、相互扶助を行ってきました。大政奉還の年である1867年に福沢諭吉が西洋の生命保険事情を「西洋旅案内」で紹介し、このことがのちの日本の近代生命保険の幕開けにつながっていきます。

　日本ではまず、海外の保険会社の代理店が日本向けの保険を開始しましたが、国内保険会社としては、1880年に共済五百名社が設立されました。この会社は、賦課式保険料方式の会社として成立しましたが、やがて立ち行かなくなり発展的な解消をしました。これはのちの安田生命（現明治安田生命）の源流です。

　最初に近代的な保険事業を開始したのが、福沢諭吉門下生によって1881年に設立された明治生命です（現明治安田生命）。英国の死亡表を用い、告知を受け、終身保険などの商品を販売しました。1888年に帝国生命（現朝日生命）、1889年に日本生命が設立されました。その後、明治、帝国、日本の大手3社体制となりました。泡沫的な保険会社も多く設立されたことから、1889年から1890年にかけて法規制が整備されました。この規制整備の一環として、保険会社に相互会社という会社形態が認められ、1902年に第一生命が相互会社としてスタートしました。

　1894年に日清戦争、1904年に日露戦争が行われた結果、死亡保障についての必要が理解され、生命保険が普及していきます。さらに1914年の第一次世界大戦による経済の活況を受け、生命保険会社が発展をしていきます。

　他方、1918年からのスペイン風邪（インフルエンザ）の世界的大流行により、日本でも40万人近くが死亡し、また、1923年の関東大震災での10万人を超える死者、行方不明者が出るなどの影響で生命保険への関心が高まりました。

　第二次世界大戦にあたっては、生命保険は国策として、国の軍事資金調達のために利用されました。終戦の混乱とともに、生命保険会社は海外資産の喪失や死亡保険金の支払額増加、インフレによる事業費増加といった要因に

より経営が苦境に陥りました。このような事態の中、株式会社形態の生命保険会社は相互会社に転換するなどして業務の継続を図りました。

　戦後、女性営業職員の大量採用などで営業力を強化し、高度経済成長下で生命保険会社は大きく業容を拡大することになっていきます。

　なお、平成期以降の生命保険業界の全体的な動向については、**第５章を**ご覧ください。また、商品の歴史については**第２章を**、募集チャネルの動向については**第３章を**ご覧ください。

Ⅴ　生命保険業に係る団体・組織

　本項では生命保険業界に関する団体・組織を解説します。生命保険業界は特別な規制を要するため、監督官庁や業界が設立に関与した特別な組織などが存在します。

1　生命保険会社

　生命保険業を運営する主体が生命保険会社です。生命保険会社には株式会社と相互会社があります。

　株式会社は、会社のオーナーとしての権利を、株式という形で分割して発行します。株式を保有する株主が会社のオーナーになります。株式会社は株主に利益を分配するという意味で、営利を目的とする営利法人です。

　相互会社は保険業特有の会社形態です。相互会社においては保険契約者が社員となります。ここでの社員とは従業員の意味ではなく、オーナーのうちの一人であるとの意味です。したがって、相互会社の保険に加入するということは相互会社のオーナーになるという意味を持ちます。相互会社は営利目的ではありませんが、かといって公益目的の法人でもないため、中間法人と呼ばれます。

　従来、大手・中堅生命保険会社には相互会社が多かったのですが、経営悪化で株式会社に契約移転をして廃業したり、あるいは事業構築の柔軟性を高める目的などから株式会社に法人形態を変えたりして、最近は相互会社形態をとる会社は少なくなりました。

　生命保険会社は現在42社存在します（2021年2月）。

相互会社のガバナンス　Column 3

　相互会社は保険契約者が社員であるため、株式会社の株主総会に当たる会社の最高機関は社員総会ということになります。ただ、生命保険会社の社員は大変多いため、通常は社員の代表として総代を選んで、総代による会議を開催します。この会議を総代会と呼びます。

　総代は事実上、相互会社自身が選任に関与するため、経営に対して中立的な人材が選ばれるように工夫がなされています。まず、総代候補者選考委員の委員長は相互会社から独立した人が就任します。総代候補者選考委員が選考した総代候補は社員投票にかけられます。社員である保険契約者は、不適当と思われる総代候補に対しては、不信任を申し出ることができます。不信任投票が10％以上になった場合は、その総代候補は選任されません。

　そのほか、契約者であればだれでも参加できる懇談会を各地で開催し、そこで出た意見を総代会に報告することや、評議委員会を設置し、経営事項に関する諮問を行って、その意見を総代会に報告しています。

　相互会社では保険事業から剰余金が出た場合に、配当する先が保険契約者（＝社員）のみという特徴を持ちます。株式会社であれば、剰余金は保険契約者と株主で分配することとなります（有配当保険の場合）。

2　保険募集事業者

　生命保険業においては、生命保険契約を募集する個人や団体が大変重要です。

　第３章で詳しく説明しますが、保険の募集は営業職員や募集代理店などが行います。直販といって、保険会社がコールセンターなどで直接募集することもあります。生命保険では、営業職員や募集代理店は生命保険契約を媒介するだけです。言い換えると生命保険会社と保険契約者を結び付けることを行うだけです。

　この点について、損害保険では代理店が契約締結権限を有している場合が

あります。たとえば、自動車保険などでは損害保険代理店に申し込んで、代理店の承諾があれば契約が成立します。生命保険では生命保険会社のみが契約締結権限を持ち、代理店等が契約締結を行うことはありません。

3　金融庁

金融庁は内閣府の傘下にある官庁です。生命保険会社が事業を始めるにあたっては、内閣総理大臣から免許を取得し、監督を受ける必要がありますが、実際の監督業務は金融庁が行います。

金融庁はオンサイト・オフサイトの監督を行います。オンサイトとは生命保険会社に立ち入って検査を行うことです。オフサイトとは保険会社から報告を求め、あるいは定款や保険約款など生命保険会社の基本となる書類を審査して認可することを通じて監督を行うことをいいます。

生命保険会社の業務執行や体制が不十分と認定したときには、金融庁は業務改善命令や業務停止命令といった行政上の措置を行います。

4　生命保険協会・生命保険文化センター

生命保険会社をメンバーとする団体が、一般社団法人生命保険協会です。生命保険協会は重要な役割を果たしています。まず、生命保険契約者からの苦情のあっせんを行います。また、生命保険会社の対応に納得がいかない場合には、裁定審査会という制度があり、訴訟に代わる紛争解決サービスを消費者に対して提供しています（Column4をご参照ください）。

また、生命保険加入にあたって、過剰な保険金額をかけていないかを生命保険会社が確認できる制度を運用しています。さらに支払いにあたって不正な支払請求がないか、生命保険会社間で情報交換できる制度も運営しています。

生命保険協会は生命保険会社の適正な運営に向け、各種ガイドラインを作成し、各社の業務運営の目安を示すことも行います。

公益財団法人生命保険文化センターは、生命保険の知識の普及をその役割

としています。調査研究を行うとともに、消費者向けの啓発活動を行っています。

指定紛争解決機関（ADR制度）　Column 4

　指定紛争解決機関（Alternative Dispute Resolution：ADR）とは、裁判によらない紛争解決を業務とする機関のことをいいます。日本のADR制度は英国のオンブズマン制度に範をとっています。保険契約者や保険金受取人が、保険金が支払われないなど保険会社の取扱いに納得がいかない場合、まずはその保険会社と話し合います。しかし、どうしても決着がつかない場合もあります。その場合は、訴訟を起こすことが考えられますが、訴訟はコストもかかり、時間もかかります。

　そこで、保険契約者等が、保険会社とは中立的な立場から判断をしてもらい、解決を目指すADR制度が構築されました。生命保険業界におけるADRは、生命保険協会内に設けられた裁定審査会です。保険会社は、法律で指定された紛争解決機関である裁定審査会と契約を締結することとされています。保険契約者等が紛争解決手続を申し出た場合は、保険会社はその手続に参加しなければなりません。

　裁定審査会は、保険会社と保険契約者等との間に和解案を提示するように努めます。和解案を保険契約者が受諾した場合には、保険会社は訴訟を起こさない限りはその和解案を受諾しなければなりません。

　裁定審査会のコストは生命保険業界で負担するので保険契約者等には金銭的な負担はかかりません。

5　生命保険契約者保護機構

　生命保険会社が経営悪化によって破綻した場合でも、生命保険契約がなくなってしまうわけではありません。保険業法は生命保険契約が継続されるように、生命保険会社内に積み立てられている保険契約の積立部分を一部カットし、また契約条件の見直しを行います。そのうえで必要があれば、生命保

険契約者保護機構に積み立てられている生命保険会社からの拠出金を、破綻保険会社を救済する保険会社などに供与します。

　生命保険契約者保護機構は、このような資金を供与することや、破綻保険会社再建手続に関与することなど、生命保険契約者の保護のための役割を果たします。

Ⅵ　保険業に隣接する事業

　第1章ではここまで生命保険業界について学んできました。ところで、生命保険に類似した商品を提供する業界が別途存在しています。たとえば生命共済を提供する共済業界です。本項ではそれらについて解説を行います。

1　共済事業

　保険業法上の保険業の定義からは外されていますが、保険会社の提供する保険商品と類似または同様の商品を提供する事業として、共済事業があります。共済事業は規模が大きく、一般社団法人日本共済協会によると、組合員数約7700万、契約件数約1億3500万件、共済金額約845兆円となっています（図表18）。

　共済事業とは、保険事業と同様に死亡、傷害・疾病、火災、自動車事故などの保障を共済契約として提供するものです。共済契約の仕組みは保険とほぼ同じですし、保険法という法律も保険契約と同様に適用されます。ただし、原則として一定の地域に居住していることや、一定の職業に就いている

図表18　日本共済協会加盟共済の事業概況

	2018年度	2019年度	前年度比（%）
組合員数（万人）	7,667	7,731	100.8
契約件数[※1]（万件）	13,711	13,543	98.8
共済金額[※2]（億円）	8,587,034	8,450,606	98.4
受入共済掛金（億円）	74,849	65,093	87.0
支払共済金（億円）	55,727	51,255	92.0
総資産（億円）	665,678	657,518	98.9

※1　契約件数、共済金額、受入共済掛金は保有契約実績です。
※2　共済金額には、自動車共済・自賠責共済等の実績は含まれません。
出典：一般社団法人日本共済協会「共済事業の概況」。

ことといった特定の資格を持つものに限定して提供されることが保険事業との相違点です。また、共済事業の相互扶助を強く打ち出すなど、保険会社と比較した独自性がみられます。事業の根拠となる法律は、消費者協同組合法などです。

　ただ、団体によっては一定の範囲内であれば、資格を持たない人にも共済契約の加入を認めたり、数百円を払って資格を取得すると同時に共済契約に加入できたりします。そのため、一般の保険会社に性格が近づいているとも考えられます。

　有力な事業者としては　JA 共済やこくみん共済 coop、県民共済などがあります。

(1)　JA 共済

　JA 共済は、JA 共済連と JA（農業協同組合）が事業を実施するもので、農業協同組合法に基づいて、農業を営んでいる方などを対象に共済を販売するものです。JA 共済は生命共済、医療共済に加え、自動車共済や住宅共済といった商品を提供しており、保険会社に例えると、生損保兼営をしているところに特徴があります。

　JA の募集チャネルとしては、各地域の JA の販売担当者が募集にあたりますが、集中月間には JA 職員一体で募集活動にあたります。

(2)　こくみん共済 coop

　こくみん共済 coop は従来、全労災との名称で事業を行ってきました。実施主体は全国労働者共済生活協同組合です。根拠法は消費者生活協同組合法です。当初は労働組合員向けの共済事業でしたが、現在は一般の方向けにも出資金を払い込んでもらったうえで、共済契約を提供しています。

　商品としては、生命共済、医療共済に加え、自動車共済、住宅共済などを販売しています。こくみん共済 coop も生損保兼営形態となっています。

　こくみん共済 coop の募集方法は、労働組合を通じた募集のほか、地域推

進員による募集、新聞等での広告による通信販売などで行われます。

(3)　県民共済

　県民共済は、全国生活協同組合連合会と39の都道府県の会員生協が都民共済、道民共済、府民共済、県民共済として商品を提供しています。根拠法は消費生活協同組合法です。県民共済も生損保兼営ですが、自動車共済は販売しておらず、その点はJA共済やこくみん共済coopとの違いです。

　県民共済は新聞の折込チラシや金融機関窓口へのパンフレット備置きによる通信販売などで募集をします。

2　少額短期保険業

(1)　根拠法のない共済

　2005年改正前の保険業法は、「不特定多数の者」を相手方として保険引受を行うものを保険業としていました。逆にいえば、「特定者」を相手方として保険引受を行っても保険業の規制対象になりませんでした。

　1990年代の後半から、会員制をとったり、特定の商品を購入したりする人を相手方として保険類似の商品を提供するいわゆる「根拠法のない共済」が大規模化してきました。上述のJA共済などは農業協同組合法などの根拠法の下で事業を行っていますが、そのような根拠法なしに事業を行っている事業者がありました。これを根拠法のない共済と呼びました。

　この根拠法のない共済のうちでも、マルチ商法などのネットワークビジネスと合わせて展開するなど、健全な保険事業とはいえないような事業者が散見されるようになりました。

　そこで2005年の保険業法改正では、根拠法のない共済関連で、大きく2つの改正を行っています。1つ目は保険業の定義を変え、不特定多数要件を削除しました。この結果、特定者相手の保険事業のうち、根拠法がないものには、保険業法の適用がされるようになりました。2つ目は少額短期保険業者という事業形態を保険業法で認めることとしました。少額短期保険業者は、

根拠法のない共済が登録を受けることにより、保険業法上の事業形態として認められるようにしたものです。

(2)　少額短期保険業者の規律

　少額短期保険業者には、保険会社よりも緩やかな規制が適用される一方で、引き受けられる商品や事業規模に制限があります。これは、少額短期保険業者が万が一破綻した場合であっても、契約者に大きな影響を及ぼさないためにとられた規制です。

　保険会社が免許制であるのに対して、少額短期保険業者は登録制です。資本金等の下限も保険会社が10億円であるのに対して、1000万円とされるなど保険会社に比べ参入が容易です。ただし、保険期間が生命保険・医療保険は1年、損害保険契約で2年が上限とされ、保険金も疾病死亡保険では上限が300万円、入院等の給付金の上限が80万円などの金額制限があります。

　資産運用は預金や国債などの安全資産にしか投資ができないこととされています。なお、生命保険契約者保護機構に該当する少額短期保険業者破綻時のセーフティネットは存在しません。

　少額短期保険業者は2021年2月現在で108社となっています。制度開始当初はペット保険など従来保険会社が行ってこなかった分野での事業展開がみられましたが、少額短期保険業者の枠組みを利用して全く新しい種類の保険商品が提供されるようになってきています（第5章Ⅳ参照）。

　なお、加入者1000人以下の小規模共済や企業内共済、保険金額10万円以下の低額共済は保険業法の規制対象外になっています。これは、社内の懇親会などが従業員に対して香典を出すようなものを除外する趣旨です。

　少額短期保険業者の商品の募集には、少額短期保険募集人の資格が必要です。

3　旧簡易保険・かんぽ

⑴　旧簡易保険からかんぽ生命へ

　生命保険協会から発表される資料には「かんぽ含み」、「かんぽ除き」といった表現がみられます。株式会社かんぽ生命保険は金融庁から免許を取得した生命保険会社ですが、その前身は政府の生命保険事業でした。

　もともと1916（大正5）年に低額・無診査・月掛けの庶民向け保険事業としてスタートしました。いわゆる大正デモクラシーの時代で普通選挙の実施など国民の平等ということに意識が高まった時代でもありました。民間生命保険会社からの民業圧迫という声にもかかわらず、一般国民向けの官営保険として事業が開始されました。簡易保険は官営独占の事業として高い普及率を示しました。戦後、簡易保険の国家独占が廃止されましたが、保険金の支払いは国が保証し、法人税の支払いの必要がないといった民間保険に対する優位性を持ち、民業圧迫との批判が根強くありました。そのため、商品性や加入限度額が設けられるなど肥大化の防止策がとられてきました。

　2001年に簡易保険を管掌していた郵政省と総務省とが併合され、新しい総務省となりました。この際に、郵政省の簡易保険局も廃止され、郵便事業や貯金事業を運営する郵便事業庁が総務省の外郭組織として設置されました。そして、郵政事業庁は2003年に日本郵政公社として公社化されました。

　その後、郵便3事業の民営化が大きな政治課題となり、2005年当時の小泉純一郎首相が郵政解散に打って出て、衆院選挙に大勝しました。この結果、郵政民営化法案が可決成立し、2007年10月に郵政民営化が実現しました。この際に、保険事業が独立して、株式会社かんぽ生命が誕生しました。

⑵　郵政民営化とかんぽ生命

　郵政民営化にあたっては、日本郵政株式会社が持株会社として、かんぽ生命、ゆうちょ銀行、および郵便局と郵便事業を管轄する会社（民営化当時は郵便局株式会社と郵便事業株式会社、現在は合併して日本郵便株式会社）がぶら下がる形で構成されました。

　民営化計画では、持株会社である日本郵政株式会社の政府保有割合を3分の1超まで減らし、かんぽ生命とゆうちょ銀行は全株式を売却する予定でした。かんぽ生命が誕生した段階では完全な民営の生命保険会社となることが目指され、生命保険協会にも加盟し、生命保険契約者保護機構の補償対象となる会社にもなりました。

　しかし、その後、自民党から民主党への政権交代が行われるなど政治情勢が変動し、かんぽ生命の株式の約3分の2を日本郵政株式会社が保有したままとなっています。そして、日本郵政株式会社の株式の過半である約56.9%は政府・地方自治体が保有しています。このため、完全な民営化が行われたとはいいにくい状況が続いています。

　かんぽ生命の特色としては、以下が挙げられます。

> ①　日本郵政を通じて間接的に政府が保有していること
> ②　旧簡易保険に係る資産の運用や契約管理を請け負っており、会社の規模そのものは大きいこと
> ③　逆に新契約は振るわず、新契約でみると大手生命保険会社とはみることができないこと　　　　　　　　　　　　　　　　　　　　　　　　　　　　　　　など

　このような経緯、状況にあるため、各種統計などでは一般の民間生命保険とは別に表示されることがあります。

　かんぽ生命は自社販売も行いますが、その商品を主には郵便局で販売しています。日本郵政グループとかんぽ生命の構成は図表19のとおりです。

図表19 日本郵政グループとかんぽ生命

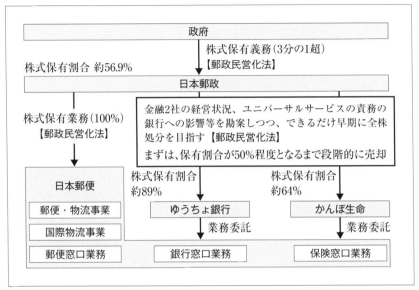

出典：株式会社かんぽ生命統合報告書をもとに作成。

第2章　生命保険の商品

第2章では生命保険商品について学びます。

まず生命保険商品の変遷や商品の形など総論を解説します。

次に生命保険契約のルールについて説明をします。

コラムとして、告知の質問応答義務化や告知事項を絞った保険商品について触れています。

その後、個人向け商品、団体向け商品の具体的な商品を概観します。

最後に生命保険に係る税制を簡単に解説します。

I　生命保険商品事情

本項では生命保険商品の総論を学びます。明治の生命保険草創期以降の主力商品の変遷から始めます。その後、生命保険商品へのニーズ、保険期間・保険料、商品の工夫などを解説します。

1　これまでの生命保険商品の変遷

(1)　草創期以降の生命保険商品

日本における生命保険は、明治の事業草創期では保険期間が一生涯で、死亡保険金のみ支払うという終身保険が販売されてきました。その後、明治末期には死亡保険金と満期保険金が同額の養老保険に主力が移っていきました。養老保険は保険期間が満了したときに満期保険金が支払われます。また、終身保険も積立部分が厚く、掛捨てではない生命保険が好まれてきたといえるでしょう。

この掛捨てという言葉ですが、保険料を払うことは万一の場合の保険保護を受けているということです。万が一の場合には保険金が支払われるので、簡単にいえば安心を買うといった機能があります。このことは保険会社が危険負担という契約上の義務を負うものであると説明されます。

仮に、保険料が無駄であったとのニュアンスがあるとすれば、掛捨てという言葉は適切ではないと思われます。

(2)　高度成長期以降の生命保険商品

高度成長期になって、経済成長とともに地方から都市部への人口流入や核家族化が進み、死亡保障の要請が高まってきました。このような情勢において、1960年代から死亡保障を一定期間大きくするため、定期保険を特約として、主契約である養老保険に付加した商品が売れ筋となりました。掛捨ては嫌だけど、死亡保障も大きくしたいというニーズに応えたものだったのです。当初はたとえば3倍型、つまり養老保険100万円に定期保険特約200万

円、合計の死亡保険金300万円といった低倍率の商品でした。倍率とは主契約である貯蓄性の高い養老保険の満期保険金額に比べて、死亡保険金額がどの程度あるかを示した言葉です。そして、死亡保障のニーズの高まりにあわせて、定期保険特約を大きくする形（たとえば倍率15倍など）で死亡保険金額が増えていきました。

このころ、道路状況が整備されないまま、自動車が一般家庭に普及することで交通事故が多発し、交通戦争という言葉が生まれました。交通事故など不慮の事故により死亡したり、一定の高度障害状態になったりしたときに保険金を払う災害割増特約が開発されました。

また1970年代には、病気による費用を補てんする疾病特約が付加されるようになりました。

(3)　バブル期の生命保険商品

その後、1980年ごろ以降、バブル時代に向かう時期では、定期保険特約付終身保険が主力商品となりました。以前の売れ筋商品であった定期保険特約付養老保険では、主契約部分の養老保険が満期を迎えてしまうと、生命保険契約が消滅してしまうデメリットがありました。主契約を終身保険とすればそのようなデメリットがありません。また、主契約が養老保険より積立部分が少ない終身保険とすることで、同じ保険料でも大きな保障を得ることができました。

また、バブルに向かう時期には、市場の高金利を利用した一時払養老保険が大量に販売されました。さらに運用成績によって受取保険金額が増減する変額保険が発売されました。

(4)　バブル崩壊以降の生命保険商品

その後、1991年のバブル崩壊を機に、新規保険契約が減少するなど生命保険商品の販売は一時落ち込みます。

1995年に保険業法が改正され、また、1998年に橋本龍太郎内閣が主導した

金融ビッグバンを経て、損保系生命保険会社や外資系生命保険会社の生命保険業界への参入が相次ぎ、あわせて新しい商品が提供されるようになりました。

　顧客にとっても、共働き家庭が増えるとともに、死亡保障に加えて、医療保険や個人年金保険など自分のための保険に加入するニーズが高まってきました。

　直近では、介護保険や認知症保険といった高齢社会に対応する商品の提供、またITを利用した商品の提供が行われるようになってきました。最新の動きは**第５章**をご覧ください。

　ところで、昨今では特に国内において金利水準が低く、時期によってはマイナス金利となることがあります。そうなると貯蓄性のある商品の積立部分の安定的な運用が困難になり、その結果、貯蓄性商品の企画・販売が難しくなってきています。

　そのため、外貨建年金保険など外国の高金利を利用した商品が提供されるようになりました。しかし、海外でも全般的に金利水準が低下してきており、いっそう商品の企画・提供が難しくなってきています。

2　生命保険に関するニーズ

　生命保険に関するニーズについては、生命保険文化センターが３年に１度調査を行っており、**図表１**は平成30(2018) 年度に調査を行ったときの結果です。複数回答可としたうえで、世帯主と配偶者が加入・追加加入の意向がある場合に、どのような保障内容を希望するかを聞いたものです。

　これをみると医療保障、遺族保障、老後保障が三大ニーズと考えられます。さらに近年では介護保障へのニーズも一定程度あることがわかります。世帯主と配偶者では、世帯主では遺族保障ニーズが若干多い一方で、配偶者は医療保障ニーズが大きくなっています。

　次の**図表２**は件数ベースですが、どのような個人保険商品が販売され、そしてどのような個人保険商品が継続しているのかをみることができます。

　最近、販売されているのが、医療保険、定期保険、終身保険といったとこ

図表1　　加入・追加加入意向のある保障内容　　　　（複数回答）（単位：％）

	世帯主	配偶者
病気やケガの治療や入院にそなえるもの	52.0	56.9
病気や災害、事故による万一の場合の保障に重点をおいたもの	50.7	44.5
老後の生活資金の準備に重点をおいたもの	45.0	39.9
保障と貯蓄を兼ねたもの	35.8	29.3
介護費用に準備に重点をおいたもの	35.2	26.5
貯蓄に重点をおいたもの	15.3	12.3
子どもの教育資金や結婚資金の準備に重点をおいたもの	13.5	7.9
その他・不明	3.0	3.2

出典：公益財団法人生命保険文化センター（平成30年度）「生命保険に関する全国実態調査」より抜粋。

図表2　　契約種類別契約件数（2019年度）　　　　　　　　（単位：万件）

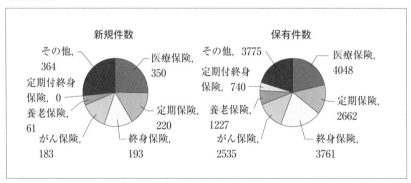

出典：一般社団法人生命保険協会「2020年版　生命保険の動向」より抜粋。

ろです。他方、保有件数としては、終身保険、医療保険、がん保険、定期保険といったところが多くなっています。

3　主契約・特約方式と単品契約方式

(1)　主契約・特約方式

　伝統的に、特に大手の生命保険会社では、顧客のさまざまなニーズを包括

図表３　主契約・特約方式

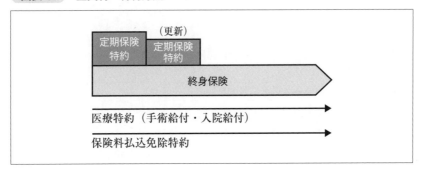

的に保障しようとしてきました。そのために行われたのが、主契約・特約方式です。１つの商品に入っていれば安心であることを訴求ポイントとしたのです。このような商品はパッケージ商品とも呼ばれます。

　図表３は主契約を終身保険として、定期保険や医療保険を特約として付加した例です。この方式であれば、死亡保障は終身継続するため、被保険者死亡時の葬儀費用ニーズや相続税の納税資金準備に活用することができます。また、子どもが学生の間は定期保険を厚くすることで、終身保険を増額するよりも安く保障を充実させることができます。定期保険特約は更新することができるものが多いです。ただし、同額で更新する場合には、加入当初より年齢が上がっているので保険料は通常上昇します。「保険料は一生変わりません」と訴えかけるCMがありますが、それはこのような定期保険などの更新の仕組みを利用するものではないということです。

　また、この例では、保険料払込免除特約が付されています。保険料払込免除特約とは、がんや脳梗塞など、あらかじめ定められた病気で所定の状態になったときに、それ以降の保険料の払込みを不要とする特約です。保険料を払い込まなくても保障は続きます。最近では、主契約・特約方式をやめて、すべて主契約として、その契約を比較的自由に組み合わせることができるような商品を提供する会社も出てきました。

⑵　単品契約方式

　大手生命保険会社の主契約・特約方式に対して、外資系生命保険会社や、あるいは通信販売やネット販売を主力にする生命保険会社においては、わかりやすさを重視して、単品で商品を提供することが重視されてきました。医療保険や定期保険などを単品で提案するものです。消費者は新聞広告やネット上の説明をみて加入するので、わかりやすい商品であれば安心して加入することができます。

　保険契約に加入するにあたって求められる告知や、申込方法を簡易にすることなどを通じてコストを削減し、その分、保険料が安いことも訴求ポイントにしています。ただし、医療保障では入院給付金と手術給付金だけとして、そのほかの保障がないものもありますので、加入にあたって、保障内容はすべての商品が同じではないことを前提に確認をすることが重要です。

　また、自分の保障ニーズについてアドバイスを受けられるわけではないので、十分な保障となっているか、誰かに相談したいという顧客もいると思います。このような観点からは、フェイス・トゥー・フェイスの生命保険募集チャネルの存在意義があるといえます（第3章参照）。

4　保険期間と保険料払込期間

　生命保険には死亡保険金などが払われる保険期間が定められています。保険期間には有期のものと終身のものがあります。死亡保険金のみが支払われる保険でいえば、有期のものが定期保険で、終身のものは終身保険です（後記Ⅲ1⑵で解説します）。

　有期のものは契約時に保険期間を、たとえば5年、10年といったように定めて申込みをします。保険期間が終了すると保険契約は終了します。

　保険料を払い込む期間は、保障の継続する保険期間と必ずしも一致しません。

　たとえば、終身保険などでは収入のある60歳や65歳までを保険料払込期間とする短期払込タイプと、保険期間中はずっと払い込む終身払込タイプがあ

ります。保険料払込期間を短くすると終身払込タイプよりも保険料が上昇します。

5　保険料の払い方・支払経路

古くは、保険料を1年に1回払う年払いとするものが多かったようです。しかし、現在では月払商品がほとんどです。そのほかに、契約当初に一括して支払う一時払いもあります。一時払いは貯蓄性商品で多く用いられています。

保険料支払経路ということでは、現在は、銀行預金から自動振替えをする銀行口座振替扱いや、クレジットカード払いが多くなっています。そのほか、勤務先企業が給与から天引きして、保険料を保険会社に支払う職域扱いなどがあります。

昭和の時代になりますが、以前は、地域担当保険販売員が自宅まで集金に伺うという、集金払いが主でした。この方式では顧客と毎月会うことになるため、ニーズの変化にも柔軟に対応ができるというメリットがありました。しかし現金をやりとりする間の紛失リスクや帰店してみると額が合わないなどのリスクがあり、また手間暇がかかりすぎて現在はほとんど存在しません。

6　商品開発の工夫

同じ保険料であれば安いほうが良いといえるほど、生命保険は単純ではありません。有配当保険であれば、配当が出て、そして保険金が支払われてはじめてコストが決まります。また、商品設計にあたって保障内容や金額を削れば保険料を安くすることができるということもあります。

ただし、このことは企業努力を行う必要はないということでは全くなく、生命保険会社の健全性に悪影響を与えることなく、適正な価格で保障を提供することが求められます。ここでは保険料を下げるいくつかの工夫を紹介します。

(1)　健康優良者割引

　まず、リスクの少ない人向けの保険料を安くすることが考えられます。リスクに応じた保険料の設定についての基本的な仕組みはもともと生命保険商品に組み込まれています。**第4章Ⅳ2(3)**で詳細を述べますが、健康な人は標準的な保険料率で、一定のリスクのある人は割増保険料を支払うこととされるものがあります。これは健康状態の良好な人について割引をするというものとは少し違います。

　健康な人の保険料率を積極的に割り引く制度である健康優良者割引の一種として、非喫煙者割引があります。喫煙をしない人の保険料率を割り引くものです。ただし、喫煙したかどうかを確認することが難しいことや、死亡という危険にどの程度の影響を及ぼすかがはっきりとはわからないことなどから、あまり普及していません。

　昨今では、健康診断を受けたり、一定の運動を行ったりした場合に保険料を割り引くものがあります。これらの商品については**第5章**をご覧ください。

(2)　低解約返戻金型保険・無解約返戻金型保険

①　低解約返戻金型保険

　定期保険契約や医療保険など掛捨てである商品を除けば、生命保険契約を解約すると通常、解約返戻金が支払われます。生命保険会社は保険契約者が払い込んだ保険料の中から、将来の保険金支払いのために資金を積み立てます（詳細は**第4章Ⅲ**をご覧ください）。保険契約者が契約期間の途中で解約したときには、その人の契約のために積み立てた部分（積立金）が払い戻されます。ただし、契約時から一定期間内に解約をした場合には、一定の控除（解約控除）がなされます。

　この積立金は、保険料が同様の計算方法で算出される保険契約の集団（保険群団といいます）の中で一緒に積み立てられ、運用されています。ここで、解約返戻金を低額に抑える、または、支払わないこととすれば、ほかの保険

契約の保険金支払いの原資に回すことができます。このため解約返戻金を抑制することで、保険料を全体として引き下げることができます。終身保険など積立部分が大きくなる生命保険などで低解約返戻金型が販売されています。

②　無解約返戻金型保険

また、昨今の医療保険では、解約返戻金のないものも多いです。

医療保険では、給付金が支払われたからといって保険契約が終了するのではなく、繰り返し給付が行われます。そうすると、それまで払い込んだ保険料を超える給付金を受けた契約も継続することになります。

払込保険料を超える給付を行ったような契約が解約されたときに、その契約についてさらに解約返戻金を返すものとすれば、解約返戻金支払いのために、保険料にその分をあらかじめ上乗せして徴収しなければなりません。この点を踏まえて、解約返戻金を支払わないこととしています。

他方、一定期間、医療保険から給付がされなかった契約について祝金や配当を行う契約もあります。このような商品はその分、保険料が高くなります。

7　個人保険と団体保険

個人が保険契約者となる生命保険を個人保険といいます、一方、企業や団体が保険契約者となって、その従業員等を被保険者とする生命保険を団体保険と呼びます。それぞれ異なった商品が販売されており、団体向けには専用の保険が提供されます。

会社の従業員が保険契約者となり、会社の給与から保険料を引き去る方式を団体扱いということがあります。この方式は職域扱い、職団扱いとも呼ばれます。これは保険料の払込みにあたって企業等を経由するだけであり、個人保険です。

また、企業が保険契約者となっても、個人向け商品の種類を活用して、社長個人や役員個人だけが被保険者になるような保険は個人保険に分類されま

す。

　個人向け保険、団体向け保険それぞれに保障性の強いもの、貯蓄性の強い
ものがあります（**図表4**）。

図表4　　個人保険と団体保険

	個人が契約者	団体が契約者で構成員が被保険者
保障が目的	個人保険	団体保険
年金給付が目的	個人年金	団体年金

Ⅱ　生命保険契約のルール

　保険法は、**第１章**でも若干触れました。保険法は保険の定義、生命保険の定義、損害保険の定義、傷害疾病保険の定義を定めています。さらに保険法は保険契約の基本的なルールを定めています。

　本項では、定義以外で保険法が定めていることを中心に解説します。

1　保険法のルールの適用

　売買契約や賃貸借契約などに適用される一般的な契約の法的ルールは、民法や消費者契約法（事業者と消費者が契約する際に限る）が定めています。民法等では、たとえば契約はどのように成立するかなどが定められています。

　保険という契約類型を直接規律するルールとしては、保険法が適用されます。保険法は民法の特則と位置付けられています。

　そして、保険契約の細かな取決めを定めたものが、保険会社の作成する保険約款です。

　この３つの関係ですが、任意規定、つまり、法で定められた内容とは別の約束をしてもよい内容については、民法等よりも保険法、保険法よりも約款が優先します。逆に、法律の規定以外が認められないとされる強行規定については、約款より保険法、保険法より民法等が優先します。強行規定は保険法に定められていることが多いです（**図表５**）。

図表５　任意規定と強行規定

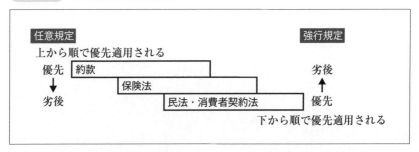

　以下では、生命保険を主に説明し、傷害疾病定額保険で異なる取扱いがある場合はその都度、説明を加えます。なお、損害保険に分類される傷害疾病損害保険は省略をします。

2　保険契約の成立

(1)　申込みと承諾

　保険契約は保険契約者の申込みと、保険者である生命保険会社の承諾があることにより成立します。両当事者の合意があるだけで契約が成立するものを諾成（だくせい）契約といいますが、保険契約は諾成契約です。通常、保険証券が発行されますが、これは契約の成立のための条件ではありません。ただし、保険証券は生命保険会社が保険契約を承諾したことの通知として送付されることが多く、また、後日のさまざまな手続に保険証券の提出を求める生命保険会社も多く、重要な書類になります。保険証券の記載事項は保険法に規定があります。

　なお、保険証券を発行するかどうかは生命保険会社が決められるので、ペーパーレスの時代にあって、保険証券という形式をとらない会社も出てきました。この場合、保険契約を承諾した通知として、書面等が送付されますが、保険金請求などにあたって、それらの書面等の提出が要求されることはありません。

(2)　告知義務

　生命保険契約を申し込むにあたっては、保険契約者および被保険者は、生命保険会社から質問された重要な事項、たとえば現在の健康状態や医師への受診歴・治療歴、あるいは職業等を告知しなければなりません。通常は、被保険者が生命保険会社の用意した告知書に記入し、あるいは生命保険会社の社医や嘱託医に告知をすることで行います。

告知の質問応答義務化　Column 5

　保険法では、告知は質問応答義務とされています。それまでの法律（旧商法）では、告知義務は自発的申告義務とされていて、建前としては、病気や体の状態など重要な事項については、被保険者は自発的に生命保険会社にいわなければならないとされていました。したがって、告知書で質問された以外の事情でも、重要な体の異常などがあればそれを申告するものとされていました。

　しかし、実務では、告知書で聞いたことに被保険者が答えるだけであったことなどから、被保険者は告知書で聞かれたことだけを答えればよいという質問応答義務に変更されました。告知を求められたことについてのみ回答すればよいことから、告知書が誰にとってもわかりやすく、簡明であるなど生命保険会社側の工夫が求められます。

引受基準緩和型（限定告知型）・無選択保険　Column 6

　生命保険契約のうちには、告知事項を絞った商品があります。このような商品は持病があっても加入できることを売りにしています。このような商品を引受基準緩和型保険または限定告知型保険といいます。また、告知を求めず危険選択を全く行わない生命保険商品もあります。

　このような保険に加入する際に気を付けるべきことは、２点あります。１つ目は保険契約日から一定の期間、たとえば２年間などに死亡した場合には、死亡保険金を支払わなかったり、減額したりするものがあります。２つ目は危険選択をしない保険では、リスクの高い人が加入することも多いため、一般の保険契約より保険料が割高であることが多いことです。健康な人は、一般の生命保険に加入したほうが結果的に保険料は安いというケースがあります。

　また、一生保険料が変わらないと訴求する終身保険の中には、一定年齢以上になると保険金額が引き下げられるものもあります。いずれにし

ても広告やパンフレットをよく読む必要があり、疑問点はコールセンターなどに問い合わせることが必要です。

　後述のとおり、正しく告知を行わなかったとき（＝告知義務違反）には、生命保険契約は解除され、また死亡保険金等が支払われないことがあります。告知義務違反による解除に係る規定も保険法に定められています。

(3)　被保険者同意

　第1章で述べたとおり、死亡保険金が支払われる保険契約で、保険契約者と被保険者が別人であるときは、被保険者同意が必要となります。被保険者の同意が求められる理由としてはいくつか挙げられますが、まずは、モラルリスクの防止です。モラルリスクとは道徳的危険と訳されます。保険契約者が内心で、保険事故を発生させる意図があることなどを道徳的危険といいます。極端な例として、保険契約者が死亡保険金目当てに被保険者に生命保険をかけて、死亡させるということも考えられます。そのような行為を防止するために、被保険者に同意を求めます。

　今日では、被保険者の人格権の尊重という面から、被保険者同意が重要であるとする考え方も強くなってきています。

　なお、傷害疾病定額保険については、傷害疾病死亡のみが給付事由である保険を除き、保険金受取人と被保険者が同一人である場合は被保険者同意が不要とされています。これには、たとえば運動会に参加する人に傷害保険をかけるときに、参会者全員に同意を求めるのは現実的ではないといった背景があります。

(4)　保険金受取人の指定・変更

　生命保険契約では、保険契約・被保険者と、保険金受取人とが異なることも多いです。生命保険契約締結にあたって、保険金受取人は被保険者のよう

に同意を求められることはなく、保険契約手続に参加しません。

　保険契約者は保険金受取人を指定し、変更することができます。保険契約成立時には被保険者は保険金受取人が誰であるかを前提として同意をすることとなります。また、保険契約者が保険金受取人を変更しようとするときは、改めて被保険者の同意が必要となります。

　保険金受取人の変更は、保険契約者が生命保険会社に一方的に通知をすることだけで効力が生じます。また、保険契約者（＝被保険者）が保険金受取人を現在の受取人であるＡさんから新しい受取人であるＢさんへ変更するという遺言をし、亡くなったあとに、その遺言を遺族が生命保険会社に通知することによっても保険金受取人変更の効果が生じます。この場合、遺言があることが生命保険会社に通知されないまま、変更前の保険金受取人Ａさんに死亡保険金を生命保険会社が支払ったときの保険金支払いは有効になります。言い換えると生命保険会社は変更後の保険金受取人Ｂさんに二重払いをしなくてもよいこととなります。

3　保険給付

(1)　保険金の請求

　死亡保険金の請求事由（被保険者の死亡）が発生したことを知ったときには、保険金受取人はすみやかに生命保険会社に通知しなければなりません。この通知が遅れたからといって、直ちに保険金が支払われないこととはなりませんが、保険金請求権の消滅時効があります。保険金請求を３年間行わなかったときは、保険金請求権は消滅します。ただし、時効による消滅を生命保険会社が主張するかどうかは、生命保険会社の選択によります。保険証券が死亡発生直後にはみつからず、あとから出てきたときのような、やむを得ない事情があったような場合では、支払うとする生命保険会社も多いようです。

(2)　保険金が支払われない場合

死亡保険金が支払われない場合は主なものとしては、3つあります。

①　免責事項

1つ目が生命保険会社の免責です。免責事項としては以下の記載があります。

生命保険会社の免責

　イ）被保険者の自殺

　ロ）保険契約者が被保険者を故意に死亡させたとき

　ハ）保険金受取人が被保険者を故意に死亡させたとき

　ニ）戦争その他戦乱によって被保険者が死亡したとき

イからハは保険契約者のサイドが、故意に死亡事故を引き起こしたという事情に照らして、生命保険会に保険金を支払う責任がないとするものです。モラルリスク（道徳的危険）があったため払われないとするものです。

上記のうち、イの自殺については、契約者（＝被保険者）が死亡保険金取得を目的として生命保険に加入し、自殺することが問題となります。このような生命保険の利用は適切ではないだけではなく、生命保険が自殺を促進することにもなりかねないからです。しかし、加入時には自殺するような意図はなく、加入後に経済的な苦境に陥るなど何らかの事情が生じて自殺をした場合では、遺族のために保険金を支払うべきではないかとの考え方もあります。そこで、保険法では無期限に支払わなくてもよいとしているところを、最近の約款では加入後3年たったあとの自殺については、約款で死亡保険金を支払うとしています（古い契約などでは1年や2年のものもあります）。

②　告知義務違反

2つ目は告知義務違反による解除です。上記で保険契約者と被保険者に告知義務があることを説明しましたが、故意またはちょっと注意すれば告知しなければならないことがわかるのに告知しなかった場合は、生命保険会社は保険契約を解除することができます。そして正しく告知されなかった事由と

死亡原因に関係があるときは死亡保険金が支払われません。逆に、たとえ
ば、がんの要再検査という診断を受けていた人が告知をしなかったときで
あっても、自動車事故で死亡した場合には、がんと自動車事故とは関係があ
りませんので、死亡保険金は支払われます。

なお、保険法では、生命保険契約時より５年経過したあとや、解除原因が
あることを生命保険会社が知ったときから１月経過したあとには、解除はで
きないとされています。この生命保険契約後５年という期間は、通常は約款
で２年に短縮されています。したがって契約後、２年経過後に告知義務違反
が判明しても生命保険会社は契約の解除はできません。

また、告知事項を生命保険会社が知っていた場合や、生命保険会社の保険
募集人が告知事項を告知しないように誘導したような場合などでは、生命保
険会社は契約を解除することができません。生命保険会社サイドに落ち度が
あるからです。

③　重大事由

３つ目は重大事由による解除です。重大事由とは、保険契約者の側が保険
契約の維持を困難とする不信行為を行ったことを指します。このような不信
行為を行ったときに、生命保険会社が保険契約を解除できます。具体的に解
除できるのは以下のような場合です。

> **重大事由解除**
> イ）保険契約者または保険金受取人が故意に被保険者を死亡させ、また
>   は死亡させようとしたとき
> ロ）保険金受取人がその生命保険契約の保険金請求について詐欺を行っ
>   たこと、または行おうとしたこと
> ハ）以上に加えて、保険者の信頼を損ない生命保険契約の存続を困難と
>   する重大な事由があること

イは上述の１つ目の免責事由（＝保険契約者サイドの故意）と似ています
が、保険金請求事由が起こる前、つまり保険契約者等が故意に被保険者を死
亡させられなくても（＝未遂でも）、生命保険会社は保険契約を解除できると

いう趣旨のものです。ロはたとえば、被保険者が死亡していないのに、死亡診断書をでっちあげて保険金請求を行ったような場合が該当します。ハにはたとえば、被保険者に不必要に多額・多件数の死亡保険をかけるなどモラルリスクが強く疑われる場合などが該当します。

　これらについては傷害疾病定額保険もほとんど同一の取扱いです。ただし、傷害疾病保険では自殺の代わりに、被保険者の故意または重過失で事故を発生させたときに保険者が免責になることや、重大事由解除では被保険者自身が給付事由を発生させた場合も契約解除の対象になるなどの違いがあります。傷害疾病保険では、被保険者死亡ではなく、被保険者の障がいや疾病を給付事由とするものであることから、被保険者がわざとケガをするといったことを免責・契約解除事由とするものです。

　なお、傷害だけを担保する傷害保険では、飲酒運転や無免許運転による事故や犯罪行為によるものなどが免責となるとされています。

Ⅲ　個人向け商品

本項では個人向けの商品を具体的にみていきます。遺族保障のための商品、老後保障のための商品、第三分野の商品の順で解説します。

1　遺族保障を目的とする商品

⑴　定期保険

定期保険は10年や20年など一定の期間だけ死亡保障を提供する商品です。被保険者が死亡したときの死亡保険金の支払いだけが提供され、満期保険金はありません。そのため、通常、積立部分がほとんどありません。途中で解約してもほとんど返戻金は返ってきませんので、いわゆる掛捨て保険です。安い保険料で高額の保障を得ることができるというメリットがあります（図表６）。

注意すべき点としては、保険期間が終了すると保障は切れてしまうことです。ちなみに保険期間中に被保険者が死亡した場合は、保険期間終了後に保険金支払いの請求をしても保険金は支払われます。定期保険は養老保険や終身保険の特約として付されることも多いです。

定期保険は、通販で販売する保険会社やネット生命保険から単品で加入することができます。また、大手の生命保険会社では上述のとおり、主契約・特約方式の特約として付加することが多いです。

図表６　定期保険のイメージ

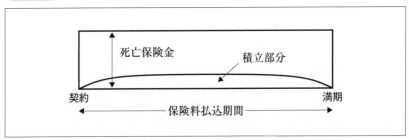

逓増定期保険　Column 7

　保険金額が保険期間の後半に増額される定期保険を、逓増（ていぞう）定期保険といいます。この保険は、死亡保険金しか支払われませんが、保険期間の後半に、前半と比較して大きな死亡保険金額を支払うものとして設計します。一般の定期保険とは異なり、保険期間後半に高額な死亡保険金支払いが発生することに備えて、一定の積立てを行うことになります。そのため、途中で解約すると解約返戻金が支払われます。

　この逓増定期保険は、企業が役員を被保険者として契約し、役員が死亡したときには死亡保険金を死亡退職金に充当することを目的として加入します。また、役員が任期を満了して退任したときには解約して、解約払戻金を役員慰労金に充当するということも可能です。

　このような保険の保険料は、定期保険契約として企業の損金扱いとされていますが、大きな積立部分を生じさせるような商品まで税法上損金扱いすることが適切なのかが問題となりました。そのため、税法上の取扱いが変更され、逓増度合いが一定以下のもののみが損金に算入できることとされました。

災害定期保険特約　Column 8

　死亡保障を充実させる方法の1つとして、災害定期保険特約（災害割増特約）を付加することも行われます。これは自動車事故など不慮の事故にあって死亡した場合に、保険金が支払われるものです。病気による死亡を保障対象としないことで、安い保険料で保障を充実させることができます。ただ、災害定期保険であることから、不慮の事故、つまり急激・偶発・外来という事故と認定されるための要件を満たさなければ保険金は支払われません。

　生命保険業は、そもそも被保険者が死亡したらあまり調査の必要はなく、即座に保険金を支払うという性格の事業形態です。そのため災害

保険定期特約の引受には若干、難しい面があります。それは保険金に支払いにあたって、死亡原因が不慮の事故なのかどうかを調査する必要があることです。

　たとえば持病のある高齢者が風呂で溺死した場合に、これが事故かどうか、調査し判断しなければなりません。仮に、脳溢血で倒れたとしても直接の死因が溺死であれば、支払うべきという考え方があります。また、直接の死因が何かを調べるのがそもそも難しいという面もあります。

(2)　終身保険

　終身保険は、死亡保険金のみが支払われる商品です。定期保険との相違は保険期間が被保険者死亡までの終身であることです。仮に、被保険者が100歳まで生存した場合では、100歳まで保険期間があることになります。

　死亡保険金のみが給付され、満期保険金はありません（**図表7**）。

　終身保険のメリットとして、保険料払込期間中にはずっと保険料が変わらないので、若いうちに加入しておけば加入時の保障額が、当初の保険料でずっとかけ続けることができます。

　定期保険のように保険期間が切れることがありませんので、保険契約者が解約しない限り、必ず死亡保険金が支払われます。そのため、将来の保険金支払いに備えて積立部分を厚く持っておく必要があり、保険料は定期保険に

図表7　終身保険のイメージ

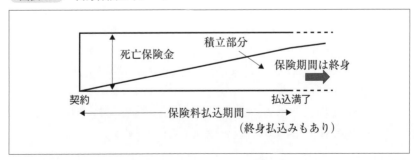

比べると高くなります。

　終身保険は単純な掛捨てではなく、解約すると一定の解約返戻金が戻ってくる特徴があります。そこに着目し、払い方を一時払いとすることで、貯蓄性も一定確保しながら、保障も得るということができます。このような販売が、特に銀行窓口販売（第３章Ⅳ４参照）などで行われています。

(3)　養老保険

　養老保険は、保険期間中の死亡保険金と、保険期間満了時の満期保険金を同額とする有期の保険です。10年300万円の養老保険であれば、保険期間中に死亡しても、満期を迎えてもいずれも300万円が受け取れます。保険期間の満了時に満期保険金額となるように積立部分を増やしていくため、保障という面からみると保険料は高くなっています（図表８）。

　この貯蓄性を一層高めるために行われるのが、払い方を一時払いとすることです。バブル時代には高利回りの一時払養老保険が多く販売されました。このことを受け、５年以下の一時払養老保険の保険金課税は、他の金融商品と同じく源泉分離課税がなされるようになりました。税金に関しては後記Ⅴで説明します。

(4)　利率変動型積立終身保険（アカウント型保険）

　このタイプの商品は「アカウント型」と呼ばれています。この商品は米国

図表８　養老保険のイメージ

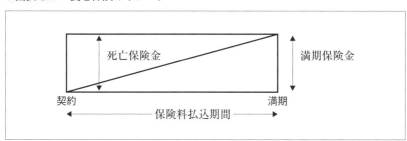

図表9　アカウント型保険のイメージ

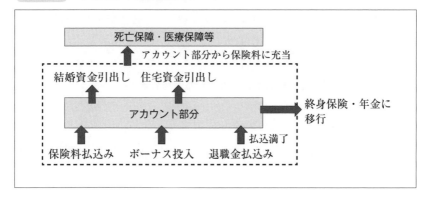

での主要商品であるユニバーサル保険をモデルとして開発された商品です。

　資金を積み立てる機能を持つ主契約となる保険部分は、利率変動型積立終身保険で、アカウントと呼ばれます。主契約に付加されて、各種の保障機能を持つ保険を特約として付する方式と、単体保険の組合せとする方式があります。

　保険料を定期的にアカウントに払い込むほか、一時金を支払うことで資金を積み立てられる機能を持つ終身保険をベースとします。アカウントは加入時に定められた利率から、市場金利にあわせて変動します。アカウント部分から、自由に設計して付加した死亡保障や医療保障などの特約の保険料に充当します（**図表9**）。

　また、保険契約者に資金が必要となったときには一部払戻しも可能です。

　アカウントの積立金を活用することで、契約後の状況の変化に応じて柔軟に保障の見直しをしたり、払い込む保険料を調整したりすることができます。

　保険料払込期間が終了したときには、アカウント部分は単純な終身保険や年金に移行することになります。

図表10　収入保障保険のイメージ

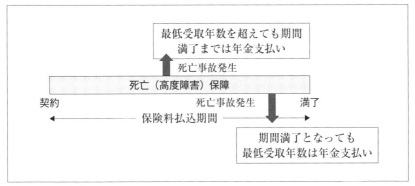

(5)　収入保障保険

　定期保険や終身保険などでは、死亡保険金は一時金として支払われます。収入保障保険は、被保険者が死亡したときに年金が支払われる契約です。契約期間中に被保険者が死亡した場合は、当初に約束した最低受取年数が経過するまでか、契約期間の満了時のどちらか遅いときまで年金が支払われます。死亡保険金が年金として支払われますので、死亡した方の収入を毎年補てんするような形になります。

　保険期間の最初のほうで死亡があると長期に保険金が毎年受け取れますが、時間の経過とともに死亡保険金の総額が減少することとなります（**図表10**）。

(6)　学資保険

　「こども保険」とも呼ばれます。保険契約者は父親または母親がなり、子どもが被保険者になります。もともと積立型の貯蓄性の保険で、子どもが18歳あるいは22歳になったときに給付金が支払われます。また、保険期間の途中、たとえば子どもが12歳になったときや、15歳になったときに祝金が支払われるものがあります。

　保険契約者である父親または母親が死亡した場合は、その後の保険料の支

払いが免除されます。商品によっては保険契約者が死亡したときに、育英年金が給付されるものもあります。保険契約者の死亡によっても支払いがなされる独特の商品です。

なお、被保険者である子どもが死亡した場合には、死亡給付金が支払われますが、通常は払い込まれた保険料に運用収益を加えたものを支払います。

(7)　変額保険

変額保険は、1986年に販売開始されました。変額有期保険と変額終身保険との２種類があります。変額有期保険は養老保険、変額終身保険は終身保険と構造は一緒ですが、積立金が運用され、その運用成果が解約返戻金や満期保険に反映します。

いずれも死亡保険金額は保障されていますが、満期保険金（変額有期保険の場合）と解約返戻金は運用成績によって増減します。

変額保険問題　　Column 9

変額保険が1986年に販売開始されたと本文で述べましたが、この時期はバブルが頂点を迎える1989年の３年前で、株価が急騰している最中でした。日本の株価は1989年の年末を頂点として、下落が始まりました。1990年を過ぎた直後には、株価の下落は一時的ではないかとの見方もありましたが、長期下落のトレンドに入りました。

そのため、変額保険の解約返戻金も大幅に当初想定を下回り、払込保険料を大きく下回ることとなりました。

販売当時は株価が大きく下落するとは、あまり考えられていなかったこともあり、また、銀行の融資と事実上セットで販売されるなど、現在の基準で考えると、リスク性商品の販売手法としては不十分なものでした。保険契約者にきちんとリスクを説明したかどうかが問題となり、訴訟も発生しました。

2　老後保障のための商品

(1)　定額個人年金保険

　個人年金保険においては、一般には、保険料を払い込んで所定の年齢、たとえば65歳になったときに、それまで払い込まれて運用されてきた資金を年金原資とします。その年金原資をもとに年金が支払われます。保険料払込期間中に被保険者が死亡した場合には、それまで払い込まれていた保険料（あるいは若干上乗せされた金額）を死亡給付として支払われます。

　年金の払い方としては確定払い、有期払い、保証期間付有期払い、終身払いがあります。確定払いは5年なら、年金開始以降は被保険者の生死にかかわらず5年支払います。有期払いはたとえば10年の年金支給期間中に被保険者が死亡した場合は、10年経過していなくても、死亡時に年金が打ち切られるものです。この方式では早く亡くなった場合は、損となるため、有期期間のうち、保証期間を設けることが行われます。たとえば、10年有期、5年保証といった年金の払い方があります。こうすると年金支払開始後3年後に死亡した場合であっても5年分の年金額は支払われることとなります。

　終身払いは死亡するまで年金が支払われるものです。何歳まで生存するかわからないため、保険料が高くなります。図表11は10年保証期間付終身年金の例です。

図表11　　10年保証期間付終身年金のイメージ

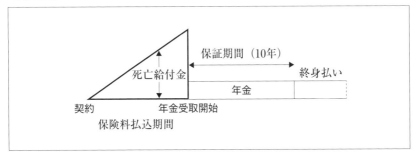

トンチン型年金　　Column 10

　超低金利下においては、年金も含め、貯蓄性商品について十分な利回りを出すことが難しくなっています。その観点から開発されたのが、トンチン型年金です。この商品は加入者が早期に解約・死亡した場合に、積立部分の一部を残してもらい、それを他の人の年金給付に活用するものです。この仕組みにより、長生きした人ほどより多くの年金を受け取ることができます。イタリア人のロレンツォ・トンティが考案した仕組みであり、トンチン型と呼ばれます。

　日本で具体的に販売されているトンチン年金には、解約返戻金を低く抑える代わりに、年金給付額を増やすものなどがあります。

---

(2)　変額個人年金保険

　昨今の超低金利においては、定額年金保険の資金の運用先である国債や社債などでは十分な金利を得ることができません。そこで開発されたのが、変額個人年金保険です。この商品は、払い込まれた保険料を株式などの金融商品で運用して、良好な運用成果が出れば年金原資が増加し、その結果年金額の増額が可能になるものです。

　この商品は銀行窓口販売において多く販売されました。特に、一時払いの変額個人年金保険が一時期よく販売されました。

　ところで、変額個人年金保険の運用先である金融商品は、損失が出ることもあります。その場合は年金額が減ることとなります。しかし、多くの保険会社では、年金原資あるいは年金として給付される総額が、一時払いされた保険料払込額を下回ることがないよう支払金額を保証しています（図表12）。

　なお、運用期間中に死亡した場合は、一時払いで払い込んだ金額が死亡保険金（給付金）として支払われます。このような最低保証額が付いていても、途中での解約返戻金には最低保証がありません。運用商品としての性格が強い年金であるという性格を、十分理解して加入することが必要です。

図表12　変額一時払個人年金保険のイメージ

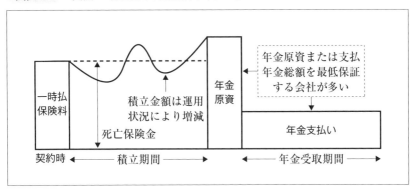

(3)　外貨建個人年金保険

外貨建個人年金保険の仕組みは、定額個人年金保険の仕組みとほぼ同一です。外貨建個人年金保険は、外国の国債など日本国債よりも高金利である債券に投資できることから、利回りが期待できることにメリットがあります。

ただし、外貨建個人年金保険には、円から外貨に両替したうえで保険料を払い込むこととなります。また、外貨で年金を受け取るため、生活資金に使用するにあたっては、外貨から円に両替する必要があります。契約時から年金受取りまでの間に円高が進んでいると受け取る年金額は円ベースでは減ることとなります。外貨は保険会社が設定している通貨種類、たとえば米ドルやユーロ、オーストラリアドルなどが選択できます。

次頁図表13は契約時に1ドル＝100円で両替したものの、年金開始時に1ドル＝80円になったケースを表しています。運用の結果の利回りがゼロと仮定した場合、1ドル当たり20円分の損、100万円払い込んでいたら20万円の損が生じます。したがって、若干の利回りがあったとしても、選択した外貨に対して円高が進んでいれば損をすることがあります。

為替の知識が必要となりますので、ある程度金融の知識があるか、保険募集人から丁寧な説明を受けてから購入すべき商品です。

図表13　為替リスク

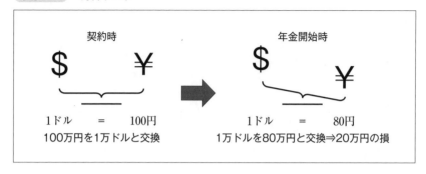

3　第三分野の商品（傷害疾病保険）

(1)　医療保険

医療保険といってもいろいろなものがあります。わかりやすいものでは、ケガや病気で入院したときと手術をしたときに給付金を支払うものがあります。入院では１日当たり１万円など定額で給付されるものが多いです。手術給付金は手術の種類によって入院日額の10倍や20倍に設定されるものなどがあります。たとえば入院日額１万円の商品では、手術は10万円または20万円給付されます。以前は手術給付金の出る手術の種類は限定されていましたが、最近は公的医療保険の適用対象となる手術にはすべて手術給付金が出るものが多いです。

そのほか、入院後の通院に給付を行うものや、退院時に給付を行うものなどがあります。

第１章で述べたとおり、日本では、公的健康保険は強制加入ですが、医療費の自己負担分である３割を超える部分の医療費は自己負担する必要があります。差額ベッド代など保険外で負担しなければならない費用もあります。

医療保険が生命保険と相違する点として、生命保険では死亡保険金や満期保険金等給付が支払われると生命保険契約は消滅します。医療保険では、入院給付金や手術給付金が給付されても、保険契約は消滅しません。一定の制

限はありますが、繰り返し入院・手術をした被保険者に対しては、繰り返し給付金が支払われます。

　医療保険は昔からありますが、商品内容は大きく変わっています。古い商品だと、入院日から一定期間（5日など）までは入院給付金が支払われないなど、長期入院を前提とした作りになっていました。昨今では、短期で退院することも多くなってきましたので、初日から入院給付金が支払われる、あるいは入院時点で一時金、たとえば30万円などが支払われる商品もあります。

先進医療保険（特約）　Column 11

　公的健康保険では、保険給付がされる医療行為が定められています。先進医療とは、高度な技術を用いた医療行為のうち、厚生労働大臣の承認を受けたものを指します。この先進医療は指定された病院で治療として受けられることができます。しかし、公的健康保険の給付対象外となっています。

　先進医療として代表的なものに、がんに対して行われる「陽子線治療、重粒子線治療」が挙げられます。

　注意しなければならないのは、先進医療を受けたときは、その先進医療行為そのものにかかる費用だけではなく、先進医療に伴う診査、検査、投薬等がすべて保険適用外となることです。

　治療によっては高額にわたる場合があり、また1月当たりで一定額以上の治療費を支払った場合に支給される高額療養費の支給もありません。このような費用を賄うために開発された保険が先進医療保険（特約）です。

　なお、先進医療は、その治療法が一般化すると公的医療保険の保険対象となることがあります。また、新しく治療法が開発されることもあり、公的な医療保険制度の改定ごとに変わっていくことにも注意が必要です。

(2)　がん保険

　がん保険は通常、がんという病気になったときだけを保障対象としています。がんにり患したことが診断確定したときの一時金や、入院給付金、手術給付金、通院給付金などが給付されます。死亡保険金を支払うものと支払わないものがあります。最近は、死亡保険金を支払うタイプのものは減ってきているようです。

　がん保険の特徴として、一般的に90日間の不任責期間があることです。被保険者の告知のいかんにかかわらず、契約日から90日の間にがんの診断確定がされた場合は、がん保険は最初から無効であったと取り扱われます。この場合、がん保険の給付金は支払われません。ただし、無効であるため、払込保険料は返還されます。

　がん保険で注意すべきは、上皮内癌（がん）を保障しているかどうかです。上皮内癌は転移することが少なく、保障対象外とする商品もあります。医師からは癌であると宣告されますが、がん保険が支払われないとしてわかりにくいとの指摘があります。この点を踏まえて、上皮内癌を含めて給付する商品が増えているようです。

(3)　重大疾病保険

　代表的な重大疾病保険は、三大疾病保険と呼ばれるものです。これはがん、脳梗塞、急性心筋梗塞という3つの疾病のいずれかにり患して、一定の状態になったときに一時金を払うものです。一般的な医療保険の入院給付金や手術給付金よりもはるかに多額の保険金を支払うものとして設計されています。

　これらの病気では医療費や退院後の療養費に多額の出費が迫られることがあるためです。

(4)　介護保険

　被保険者が所定の要介護状態になったときに、一定の保険金を支払うもの

です。第1章で述べたとおり、日本には公的介護保険がありますが、本人や家族にとって、より手厚いサービスを受けたい、たとえば週2日のデイサービスを週4日にしたいといったニーズが生ずることがあります。このようなときに民間の介護保険の保険金を利用することができます。この商品と、最近新商品の発売が相次いでいる認知症保険の詳細については第5章Ⅰをご覧ください。

(5)　就業不能保障保険

　長期間入院したり、一定の障がい状態となったことが認定されたりしたときに、一時金や年金を給付する保険です。就業ができなくなったことによる収入の減少をカバーするものです。有期の保障期間であることが通常です。

　自分のための保険として、死亡保障に代わって近時注目されている商品です。

保障見直し　

　保険商品は年々進化しています。介護保険・認知症保険の開発や医療保険の保障充実など、保険契約者が当初加入したときにはなかったような商品が出てきます。また、当初は死亡保障の厚い生命保険に加入したが、子どもが独立したので、死亡保障より医療保障を充実したいなどと顧客ニーズが変わってくることがあります。

　このような顧客ニーズの変化に対応するものとして、契約転換制度があります。簡単にいうと、現在加入中の保険契約の積立部分を新たな保険契約の保険料の一部として払い込むものです。保険の下取りとも呼ばれます。この取扱いは同一の保険会社のみで取り扱うことができますが、商品によっては取扱いができませんので注意が必要です。現在の保険契約をいったん解約して新たに契約に入り直すよりも、保険料が安く済むというメリットがあります。

　なお、単に保障を増額したいなどの場合は、現在加入中の保険契約の

保険金増額取扱いや、新たに単品契約に加入することでも対応は可能です。どれが有利かは保険募集人に確認するとよいでしょう。

Ⅳ　団体商品

　本項では団体保険を解説します。団体保険は企業や団体が保険契約者となり、その従業員などの集団を被保険者として保険契約を締結するものです。

　団体保険には、大きく分けると団体生命保険と企業年金があります。団体生命保険は死亡保険が主ですが、医療費を保障するものもあります（図表14）。

　一方、企業年金には確定給付企業年金、確定拠出企業年金、厚生年金基金保険があります（図表15）。

図表14　団体生命保険

名　　称	契 約 者	保険料負担	目　　　的
団体定期保険	企業等	従業員	安い保険料での従業員の死亡保障
総合福祉団体定期保険	企業等	企業等	企業等の死亡退職金や弔慰金への充当
団体信用保険	銀行等	ローン利用者	ローン利用者死亡時におけるローンの弁済
医療保障保険（団体型）	企業等	企業等または従業員	安い保険料での従業員の医療保障

図表15　企業年金

名　　称	掛　　金	年 金 額	考 え 方
確定給付年金	一定期間ごとに見直し	固定	企業が運用リスクを取る（減少傾向）
確定拠出年金	固定	運用成果による	従業員が運用リスクを取る
厚生年金基金	一定期間ごとに見直し	固定	厚生年金制度の一部を代行する制度

1　団体生命保険

(1)　団体定期保険

団体定期保険は、従業員に死亡保障を提供するものです。企業等が保険契約者となりますが、被保険者である従業員等が、加入するかどうか、いくら加入するかを決定することができる任意加入の団体保険です。保険料も従業員の給与から天引きされて生命保険会社に払い込まれます。

死亡保険金は企業にではなく、従業員の遺族に支払われます。

(2)　総合福祉団体定期保険

総合福祉団体定期保険は、企業が自社の死亡退職金や弔慰金を支給するための原資とすることを目的として、生命保険会社と保険契約を締結するものです。被保険者同意は従業員から一括して取得します。従業員が全員加入することが前提の商品ですが、個別の従業員は被保険者同意を拒否する（＝加入を拒否する）こともできます。

死亡保険金は企業等に支払われますが、その保険金は死亡退職金や弔慰金に充当され、最終的には遺族に支払われることとなります。

企業が死亡退職金の規定を超える死亡保険金額を契約する場合には、ヒューマンバリュー特約を締結し、従業員の個別の同意をとらなければなりません。ヒューマンバリュー特約は、仮にその従業員が死亡した場合に代替要員のリクルート等に大きな資金を要するなどの場合に付されます。

(3)　団体信用生命保険

団体信用生命保険は被保険者の死亡を保障する保険で、銀行などの金融機関が保険契約者となるものです。被保険者は住宅ローンなどで金融機関からお金を借りた人（債務者）となります。死亡保険金額はローン残高と同額です。ローンが返済されて減ってくるに伴い保険金額も減少します。被保険者が死亡した場合は、ローン残高と同額の保険金が払われ、ローン全額に保険金を充当します。

　ローンを借りた人が亡くなった場合に、その遺族に借金を残さないための保険です。

⑷　団体医療保険

　団体定期保険の医療版です。企業等が保険契約者となり、従業員等が被保険者になります。従業員等が加入するかどうか、いくら加入できるかを決定できる任意加入の制度です。個人が医療保険に加入するよりも安い保険料で医療保険をかけることができます。

2　企業年金

⑴　確定給付企業年金

　確定給付企業年金制度とは、退職者等に対する将来の企業年金給付額をあらかじめ定めておく制度です（給付額が定まっていることから、確定給付といいます）。そして、定められた給付額を賄うのに必要な掛金を、予定利率や平均余命などを用いた年金数理計算により算出し、企業が保険会社や信託銀行に対して拠出します。

　年金資産の運用は企業から生命保険会社や信託銀行等に委託していますが、企業年金制度が定める給付に足りなくなるときには、企業が追加出資することとされています。また定期的に企業年金財政を再計算して、掛金の金額を増減額することとなります。企業が退職者に対する年金給付を保障するため、経済情勢等により企業負担が増加することがあるので、次に述べる確定拠出企業年金への移行が進んでいます。

　企業年金は、公的年金の上乗せ、言い換えると三階部分として給付を行うものです。従業員向け福利厚生の一環として、企業が導入します。公的年金と企業年金の関係を表したものが次頁**図表16**です。

⑵　確定拠出企業年金

　確定拠出企業年金は、拠出額（保険料）をあらかじめ決めておき、将来の

図表16　公的年金制度と企業年金

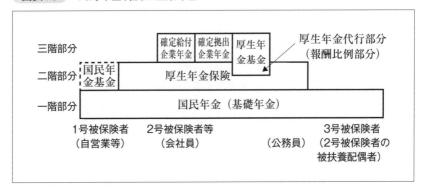

給付額は拠出額とその運用実績によって決まる制度です（拠出額が定まっているため確定拠出といいます）。年金資産の運用は、運営管理機関が設定した金融商品の中から、加入者（従業員）自身が投資商品と投資割合を選択して投資します。運用成果は従業員に帰属するため、運用リスクは従業員が負うことになります。

　この制度は2001年に確定拠出年金法の成立により導入されました。確定拠出年金を認めた米国の租税法の条文である401k年金と呼ばれることもあります。

　運用がうまくいけば多額の年金を受けられる反面、うまくいかなかった場合は、年金額は少なくなります。

　つまり、将来の給付額は運用実績によって変動します。従業員が受けられる年金は確定していません。この確定拠出年金も年金制度の三階部分に該当します。

iDeCo（イデコ：個人型確定拠出年金）　　Column 13

　本文で述べた確定拠出型企業年金は企業が制度を設けて、従業員が加入するといったものでした。この年金制度の個人向けの制度がiDeCo

（イデコ：個人型確定拠出年金）です。

　iDeCo は、20歳から60歳未満の方が加入できる資産形成制度です。60歳になるまで掛金を払い込み、60歳以降に一時金または年金として受け取ることができます。掛金には上限があり、たとえば確定拠出企業年金制度のない企業に勤める会社員の掛金上限額は月額2.3万円です。掛金の払込時、年金の受取時には一定の税制上の優遇措置が受けられます。

　確定拠出企業年金制度に加入している人は、企業型年金規約で iDeCo にも加入できると定められていることが必要で、また、掛金の上限もどのような制度が企業にあるかによって異なります。

(3)　厚生年金基金保険

　厚生年金基金制度は、国が行う厚生年金部分（報酬比例部分）の一部の支給を代行し、これにプラスアルファ部分を上乗せして年金給付を行う仕組みです。大きな企業は単独で、中小企業では業種別に基金を設置して運営を行います。基金は企業からの掛金を生命保険会社などに運用を委託しますが、この委託を受けるための商品が厚生年金基金保険です。

　厚生年金基金は公的年金の二階部分の一部を代行するとともに、三階部分を提供するものです（**図表16**をご覧ください）。

　高度成長期には、運用成績が良かったため、国が給付すべき金額に大きく加算して従業員に給付することができました。しかし、バブル崩壊以降は運用成績が振るわず、国の代行部分の給付についても運用が苦戦することが多く、すでに多くの厚生年金基金が解散しました。

　厚生年金が解散して、国の厚生年金の代行をやめることを代行返上といいます。2002年4月から、代行返上を行い、通常の確定給付企業年金に移行できるように制度変更がされました。

Ⅴ　生命保険に係る税制

　生命保険は生活のリスクに備えた自助努力商品です。そのため、生命保険料と生命保険金に関しては、税制上の特別な取扱いがあります。生命保険とは、現在の保険料と将来の保険金の交換ともみることができますので、お金に係る税金を抜きに考えることはできません。そこで本項では保険料と保険金に係る税金について説明をします。

1　生命保険料の取扱い

　生命保険料に関する所得税制上の取扱いは2011年に変更されています。2011年より前の契約（旧契約といいます）に対する所得税法の取扱いと2011年以降の契約（新契約といいます）の取扱いは異なります。また、旧契約と新契約の両方を保有する人の所得税の計算も定められています。

　しかし、本書は入門書であるため、煩雑さを避けるために新契約を対象とする税制だけを対象とします。

　ところで下記で説明するとおり、生命保険に関する控除は、一般生命保険料控除、介護医療保険料控除および個人年金保険料控除の３種類があります。本項では、それぞれの個別の控除を指すときを除いて、まとめて生命保険料控除と呼びます。

(1)　所得税・住民税とは

　生命保険料控除の取扱いを説明する前提として、簡単に所得税・住民税を説明します。本項では、理解のために概略を記しますが、重要なことは、所得税も住民税も個人の収入そのものに税金を課すのではなく、収入から所定の控除を差し引いた金額（課税所得金額）に税金を課すこととしているという点です。

　図表17をご覧ください。

　所得税は年間の給与収入（手取りではなく名目）から、給与所得控除およ

図表17　　所得税の算出方法

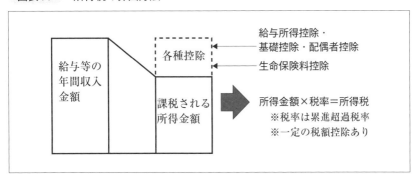

び本人の基礎控除や配偶者控等の所得控除を行ったうえで、算出された所得金額に税率を掛けて税額を計算します。生命保険料控除もこの所得控除の1つとして年間収入から減算できるものです。

　なお、税率は課税所得が多くなれば、徐々に上昇するような仕組みになっています（超過累進税率といいます）。

　住民税は、都道府県税と市区町村税を合わせて徴収するものです。所得割と均等割りからなっており、所得割は上述の所得税の計算方式と似ています。

　生命保険料控除は所得割の算出にあたって、収入から控除される所得控除の一種として認められています。

⑵　所得税における生命保険料控除

上述のとおり、生命保険控除には以下の3種類があります。

①　一般生命保険料控除
②　介護医療保険料控除
③　個人年金保険料控除

①　一般生命保険料控除

　一般生命保険料控除は、生存または死亡に基づいて一定額の保険金が支払

われる保険契約の保険料に適用されます。死亡保険金または（および）満期保険金がある生命保険契約が対象です。

上記(1)で述べた所得控除として、以下の金額が認められます。

・年間保険料が20000円まで　支払保険料の全額
・年間保険料が20000円超40000円以下

　　　　　　　　　　　　　支払保険料×1／2 ＋10000円

・年間保険料が40000円超80000円以下

　　　　　　　　　　　　　支払保険料×1／4 ＋20000円

・年間保険料が80000円超　　40000円

②　介護医療保険料控除

　介護医療保険料控除の対象となる契約は、疾病または身体の傷害等により保険金が支払われる保険契約のうち、医療費支払事由に基づいて保険金等が支払われる保険契約です。いわゆる医療保険や介護保険が該当します。ただし、保険金等の受取人のすべてを、その保険料等の払込みをする者またはその配偶者その他の親族とするものに限られます。一般に医療保険は給付金を被保険者自身が受け取ることとなるので、この要件は多くの商品で満たすものと思われます。

　介護医療保険料控除の計算は、一般保険料控除と同じです。

③　個人年金保険料控除

個人年金保険料控除の対象となる契約は、以下の要件を満たすものです。

・年金の受取人が、保険料等の払込みをする者またはその配偶者であること
・保険料等は、年金の支払いを受けるまでに10年以上の期間にわたって、定期に支払う契約であること
・年金の支払いは、年金受取人の年齢が原則として満60歳以上になってから支払うとされている10年以上の定期または終身の年金であること

　個人年金保険料控除は個人年金として契約されているものも、生命保険に特約としてついている年金給付特約でも対象となります。計算方法は一般生命保険料控除と同じです。

　これら３つの生命保険料控除はすべて満額利用することが可能です。したがってそれぞれ８万円以上の保険料を支払っている場合には、それぞれ４万円、合計で12万円の所得控除を受けることができます。

(3)　住民税における生命保険料控除

　住民税における所得控除も、所得税の場合と同様に一般生命保険料控除、介護医療保険料控除、個人年金保険料控除の３種類があります。それぞれの契約の控除が適用される要件も所得税と一緒です。

　ただし、控除額の算定方法と合計額の考え方が異なります。

　計算方法は以下のとおりです。

・年間保険料が12000円まで　支払保険料の全額
・年間保険料が12000円超32000円以下
　　　　　　　　　　　支払保険料×１／２＋6000円
・年間保険料が32000円超56000円以下
　　　　　　　　　　　支払保険料×１／４＋14000円
・年間保険料が56000円超　　28000円

　住民税の３つの生命保険料控除をそれぞれ最大限利用するとそれぞれ28000円で、合計すると84000円です。ただし、この３つの生命保険料控除が適用される合計の上限額は７万円とされています。

2　生命保険金の取扱い

　生命保険金の課税関係は複雑です。本項では死亡保険金、満期保険金、個人年金の典型例を中心に説明を行います。

図表18　死亡保険金の税制

保険契約者	被保険者	保険金受取人	税　　金	計算方法
本人	本人	配偶者	相続税	保険金－（相続人数×500万円）⇒他の相続財産と合算して相続税課税
本人	配偶者	本人	所得税	｛（保険金－払込保険料）－50万円｝×１／２⇒給与などと合算して所得税課税
本人	配偶者	子	贈与税	保険金－110万円⇒他の贈与財産と合算して贈与税課税

(1)　死亡保険金

　典型的な死亡保険金は、保険契約者が自身を被保険者とした生命保険契約で、配偶者が死亡保険金を受け取るケースだと思われます。この場合、死亡保険金には相続税の課税が行われます。

　死亡保険金は他の相続財産と合算して、相続税の対象となりますが、非課税金額があります。合算される金額は以下のとおりです。

> **死亡保険金（課税）**＝死亡保険金額－相続人の数×500万円

　たとえば相続人が配偶者と子ども２人がいた場合には、相続人が３人ですので、1500万円（３人×500万円）までは非課税となります。そのほかの死亡保険金の課税関係は**図表18**のとおりです。保険契約者と被保険者、保険金受取人の関係で税金はさまざまです。なお、**図表18**においては、保険契約者が保険料負担者であることが前提となります。

(2)　満期保険金

　満期保険金は、保険契約者と保険金受取人の関係で課税関係が決まります。典型例としては、保険契約者が自身を保険金受取人として、満期保険金を受け取るケースだと思います。この場合は、以下の金額が一時所得とし

図表19　満期保険金の税制

保険契約者	被保険者	保険金受取人	税　　金	計算方法
本人	－	本人	所得税 （一時所得）	｛（保険金－払込保険料） －50万円｝×1／2⇒給 与などと合算して所得税 課税
本人	－	配偶者	贈与税	保険金－110万円⇒他の 贈与財産と合算して贈与 税課税

て、他の給与等の収入と合算されて課税対象となります。

> 満期保険金（課税）＝（満期保険金額－払込保険料－50万円）×1／2

　このように満期保険金が一時所得となるのは、預金金利のように毎年の利息発生時に課税されるのではなく、満期になったときに保険金として一括して受け取るものだからです。

　満期保険金の課税パターンは**図表19**のとおりです。

　なお、5年以下の一時払養老保険、または5年超の保険期間で契約しても5年以下で解約された一時払養老保険については、差益について源泉分離課税が行われ、生命保険会社内で納税処理が終了します。現時点での税額は、20.315％です。本来、源泉徴収の税額は所得税（15％）と住民税（5％）を足して20％ですが、東日本大震災の復興特別所得税である0.315％が2037年まで加算されています。

(3)　個人年金

　個人年金は、保険契約者が自身を被保険者として、自身を年金受取人にすることが典型的なパターンだと思います。ここでも保険契約者が保険料負担者だとの前提を置きます。年金課税も保険契約者と年金受取人の関係で課税関係が変わります。

図表20　個人年金の税制

保険契約者	被保険者	保険金受取人	税　金	計算方法
本人	—	本人	所得税 （雑所得）	年金額—その金額に対応する払込保険料⇒給与などと合算して所得税課税
本人	—	配偶者	贈与税＋ 所得税 （雑所得）	年金受給権発生時に贈与税課税がされ、年金給付時には雑所得として課税

　保険契約者と年金受取人が同一人の場合に年金が支払われた場合には、雑所得として所得税が毎年課税されます。雑所得の金額は、以下のとおりです。

> **雑所得（課税）**
> ＝その年中に支払いを受けた年金額－その金額に対応する払込保険料

　その金額に対応する払込保険料とは、たとえば10年の確定年金であれば、払込保険料の総額を10で割った金額となります。終身年金であれば、年金開始時の年金受取人の平均余命の年数で割った金額となります。

　ただし、年金の年額からそれに対応する保険料の額を控除した残額が25万円以上の場合には、年金が支払われる際に、あらかじめ所得税および復興特別所得税が源泉徴収されます。計算は以下のとおりです。

> **源泉徴収額**
> ＝（年金の額－その年金の額に対応する保険料または掛金の額）×10.21％

　図表20は、個人年金の課税関係の一覧です。保険契約者（＝保険料負担者）と年金受取人が違う場合は、年金開始時に贈与税が課され、さらに毎年の年金給付時に所得税がかかります。

第3章 生命保険の募集

　生命保険募集は、生命保険業における1つの大きな柱です。

　生命保険会社あるいは募集代理店は生命保険商品の品ぞろえで競うとともに、顧客に対していかにアクセスし、生命保険募集を行うかで切磋琢磨しています。

　第3章では、生命保険募集の定義、生命保険募集の流れをまず学びます。

　次いで、募集チャネルの変遷・多様化に触れたのち、各種の募集チャネルの具体的な姿を解説します。

　その後、保険募集規制について説明をします。

Ⅰ　生命保険募集とは何か

　生命保険募集とはどのようなものでしょうか。テレビ CM からネット広告といった抽象的なものから、保険募集人からの具体的な提案までありますが、どこを指して生命保険募集というのかを本項で説明します。

1　生命保険募集の定義

　生命保険会社と保険契約申込みを行う人の間を仲介することを募集ということは第１章で述べました。保険の募集を行うには保険募集人の資格が必要です（詳細は後記Ⅴ 1 で説明します）。ところで、新聞広告掲載や TVCM などは新聞社やテレビ局など各メディアが行っています。これらの行為は募集ではなく、広告であるため、資格がなくても行うことができます。

　募集と広告はいずれも保険の販売に向けた行為ですが、両者の決定的な違いは何でしょうか。

　まず、生命保険の募集は生命保険契約締結の代理または媒介とされています。具体的には、保険契約の勧誘、保険商品の内容の説明、保険契約の申込みの受領などが該当します。つまり、保険商品に入るように具体的に勧める行為に始まり、申込みを受け付けるまでの行為を幅広く募集といいます（図表 1 ）。

図表 1　保険募集人の募集行為

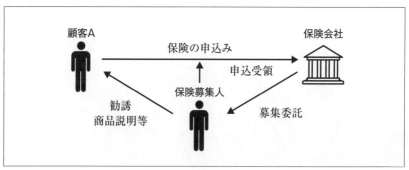

　これに対して、保険の募集に該当しないとされているのが、保険会社のビラやティッシュペーパーを単に配布する行為や、コールセンターで受け付ける事務的な説明、金融商品説明会における単なる保険商品の仕組みの紹介、新聞や雑誌等に広告を掲載する行為などが挙げられます。これは保険商品を具体的に勧める行為や契約申込みの受付などを行わないものだからです。

2　紹介代理店

　このように募集行為の範囲が問題とされてきたのは、紹介代理店の存在があったためです。生命保険営業で有効な募集活動とされるものの1つとしては、既存の契約者から知り合いを紹介してもらうことがあります。知り合いを紹介してもらうだけであれば、紹介者はほかの顧客に具体的に保険商品を勧めてはいない以上は、上記で述べた募集の定義に当てはまらず、募集人登録の必要はないといえます（図表2）。

　しかし、紹介者が紹介料のような報酬を得るような場合に、単なる知り合いの紹介にとどまらず、特定の保険募集人から保険商品を購入するように強く要請したらどうでしょう。このように保険募集人と一体として行動していた場合は保険募集に該当するとされます。また、具体的な商品内容にまで触

図表2　募集人資格のいらない紹介行為

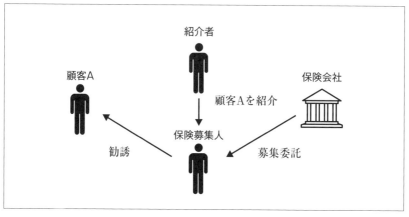

れて紹介行為を行っていた場合も保険募集に該当するとして保険募集人資格が必要となります。

　なお、法人が紹介代理店となることは、禁止されています（登録して募集代理店になるしかありません）。

3　保険比較サイト

　この問題が最近になって再び脚光を浴びるようになってきました。これは、インターネットの普及に伴い昨今では保険比較サイトが利用されるようになってきたためです。これらのサイトが保険募集かどうかについて疑問が生ずるようになりました。

　具体的に、保険比較サイトでは、それぞれの商品内容や一定の年齢での保険料例まで表示されています。そして、人気ランキングが表示されたり、お勧め商品が強調されたりしています。そして商品欄をクリックすると生命保険会社や保険代理店サイトに画面が移動するものです（**図表３**）。

　保険比較サイトと生命保険会社あるいは保険募集代理店との関係はさまざまです。たとえば、クリックの回数に比例して広告料が払われたり、成約１件当たりで報酬が支払われたりするものもあるようです。

図表３　保険比較サイトの紹介行為

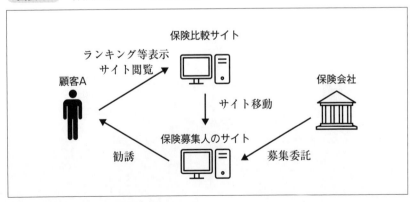

　このようなサイトで明らかに保険募集とはいえないものが、募集関連行為とされています。保険比較サイトで、保険会社からの情報を転載するだけのものは募集関連行為とされます。募集関連行為とされる行為には保険募集人資格はいりません。ただし、保険募集関連行為を行うサイトと取引をする生命保険会社や保険募集代理店に、サイト運営者に対して適正な運営がなされるよう管理する義務が課せられます。

　ちなみに、お勧めなどと表示して、報酬を得て特定の会社の商品のみを勧める行為や、報酬を得て保険商品の内容にまで踏み込んで説明する行為は募集行為に該当するため、保険募集人資格が必要となります。

Ⅱ　生命保険募集の流れ

　本項では、生命保険募集がなぜ必要かという問いから始めますが、主として生命保険募集の流れがどのようなものかを説明します。この生命保険募集の流れは主に営業職員を前提としたものです。

1　生命保険の勧誘活動はなぜ必要か

　生命保険会社からの視点でみてみましょう。一般論でいえば、業種にかかわらずすべての企業は成長を目指します。したがって生命保険会社も成長を目指して生命保険販売に注力することは当然です。また生命保険契約は満期を迎えたり、死亡保険金が支払われたりして新規契約がないとどんどん減っていくということもあります。

　ただ、生命保険会社の場合は、**第1章**で述べたように、生命保険という仕組み自体が、大数の法則で成り立っているというところに特徴があります。つまり、生命保険会社の支出である死亡保険金の支払額の推移が、当初想定したとおりに安定するためには、多くの契約を集めてくる必要があるということです。

　次に、顧客側からの視点でみてみましょう。特に、生命保険においては、顧客が生命保険を必要とすることについて、必ずしも明確に意識されていません。また、生命保険契約には形がないので、いるかいらないのか、良い商品なのか悪い商品なのかを直感的に判断できません。

　また、ニーズが潜在的であるので、人からいわれたり、きっかけがあったりしないと保険商品を購入するという行動に出にくいということがあります。損害保険ではたとえば自動車を購入したら、自動車保険に入る必要性があることは一般的に理解されています。しかし、死亡保険では、自分が死亡した場合のことを想像することになることであり、亡くなったあとのことを想像しようとはなりにくいです。また、想像できても、自分が死亡したあとにどの程度のお金を準備していたらいいのか、知識のある人は少ないでしょ

う。そのため、生命保険に関する顧客ニーズがどのようなものかを、一緒になって考えてくれる人が必要となります。

2　生命保険の募集に規制が必要な理由

　上記1で述べたことに少し説明を加えます。少し難しい話になりますが、生命保険の募集においては、情報の格差（あるいは非対称性）があるといわれます。情報の格差は、医者と患者との関係を考えるとわかりやすいと思います。患者が体の不調を訴えて医者にかかったときを考えます。患者がどのような病気にかかっているのかを診断するのは医者です。そしてその病気にどのような治療法・治療薬が必要になるのかがわかっているのも医者です。患者の病気とその治療について情報を持っているのは医者で、患者は情報を持っていません。このように情報が両当事者間で偏りがあるように情報の格差があります。

　生命保険の募集でも、顧客が自分のニーズについて保険募集人のアドバイスによって明らかになっていくことや、保険商品の内容については保険募集人のほうが詳しいといったことがあり、情報の格差がみられます。

　この情報の格差があるときには、情報を持たない側の利益が害され、市場がうまく機能しなくなります。そのため、格差を解消するための取組みや、格差があるために生ずる弊害を防止する措置がとられます。このため、生命保険販売活動には一定の規制が行われています。

　不必要に高額な保険に加入したり、不要となった保険に加入し続けたりすることはお金の無駄遣いでしかありません。

　他方、生命保険の特徴として、保険集団の公平性確保のために、その人のリスクを測定しないといけないという点があります。生命保険の勧誘を受けても、最終的に保険会社から断られることがあります。つまり、自分の意図と違う保険に入っていたことがあとからわかり、改めて別の保険に入り直そうとしても、加齢や病気により保険料が高額になったり、謝絶されたりすることがあります。このことを生命保険の再加入困難性と呼びます。

　このように適切に募集がなされるべきという点については、本章Vで述べるような規制があります。ただ、そもそも顧客にしっかりと理解し、納得したうえで保険に加入していただくことが生命保険会社の持続性のある成長に必要です。このことから、生命保険各社がさまざまな取組みを行っています。

情報格差　　　Column 14

　生命保険で情報の格差というときには、保険商品や保険ニーズに係る情報を顧客が持っていないという状況を指す場合（保険会社＞顧客）と、もう１つ、保険引受にあたって、被保険者の健康情報を保険会社が持っていない状況を指す場合（保険会社＜顧客）とがあります（図）。

●保険商品情報における情報格差

顧客　　（情報なし）　　保険商品の情報　　生命保険会社（募集人）

●被保険者の健康状態における情報格差

顧客　　被保険者の健康情報　　（情報なし）　　生命保険会社（募集人）

　前者については、募集行為について法的な規制が行われます。後者については告知義務の問題として現れてきます。告知義務は保険契約の最大善意性に基づくといわれることがあります。最大善意性とは、万が一の場合に大きな金額が支払われるものであることから、保険契約者は保険会社に対して、誠実であることが強く求められるとするものです。告知義務の詳細については第２章Ⅱをご覧ください。

3　顧客の発見

　本項 3 以降では、伝統的な生命保険の販売チャネルである、営業職員による保険販売の流れを解説します。営業職員が具体的にどのようなものかは、Ⅳで述べます。

　テレビをつけると生命保険会社の CM が流れますし、インターネットには生命保険の広告が掲載されていますが、CM や広告だけで簡単に顧客に生命保険を販売できるわけではありません。

　まず、保険を販売するには「顧客を発見」しなければいけません。保険のニーズがある「見込み客」を発見するのです。営業職員には担当の地域や会社の職場がありますので、その中でビラを配ったり、あるいはすでに顧客となっている人から紹介を受けたりして、なじみ活動を行うことで見込み客を発見します。

　また、すでに顧客である人の家族が就職したり、結婚したりという情報をいただいて勧誘を行うこともあります。

　見込み客には生命保険や暮らしの情報が掲載された定期刊行物などを配布することなどを通じて、なじみの度合いを高めると同時に、保険の必要性についての認識を高めてもらいます。

4　ニーズ喚起

　生命保険の勧誘を開始するときには、まず見込み客の生命保険ニーズがどのようなものかを確認する必要があります。ニーズの確認の仕方は各社、あるいは営業職員の仕事のスタイルによってさまざまですが、たとえば見込み客にアンケートをすることで、ニーズを把握します。ただ、この時点でのニーズは、見込み客自身のライフプランや生命保険商品の内容がよくわかっていない段階でのニーズですので、その後変わることがあります。

　そして、見込み客のニーズが、自分が死亡したのちの遺族保障にある場合は、死亡保険を活用したファイナンシャル・プランニングを行います。たとえば若い人で小さな子どもがいるような場合は、遺族保障をまず考えます。

多くの生命保険会社の営業職員が持つタブレット端末や、いわゆる保険ショップの店頭で相談業務を行う販売員のPC端末には、自動的に保障必要額の概算を計算できるソフトウェアが入っています。顧客からヒアリングをしながら、必要な数字を埋めると保障必要額が算出されます。

遺族保障のファイナンシャル・プランニング　Column 15

　簡単な遺族保障のファイナンシャル・プランニングのイメージを解説します。夫婦で子どもが2人いるケースを考えます。夫が自身に死亡保険をかけることとしたいと考えます。基本となる考え方としては、将来の収入から、支出を差し引いて、差額がマイナスとなる場合に、その差額を生命保険金で埋めるというものです。

　まず収入ですが、現時点までの貯蓄、会社からの死亡退職金、遺族年金想定額、妻の収入総計、妻の定年後の自身の老齢厚生年金想定額を足して算出します。遺族年金想定額や老齢厚生年金想定額は**第1章II**を参考にしてください。

　他方で、今後の支出を計算します。まず、現在の生活費を計算します。生活費は給与から貯蓄に回っていない部分と考えればよいでしょう。そして夫が死亡したのちの家族の生活費を、たとえば現在の生活費の7割とし、また子どもが独立したのちの生活費を現在の5割とします。妻の生活費は女性の平均余命を参照して、その年齢まで生きるとして計算します。そのほか、たとえば子どもを私立大学文系に進学させることを考えるのであれば、大学の学費だけでだいたい500万円かかることなどを足していきます。

　このようにして計算した将来収入と、将来支出を比較して、足りない分を死亡保険金として設定します。図は必要保障額算定のイメージです。なお、ここでは妻の将来の収入を計算に入れていません。妻が働いている場合や、働く予定がある場合はその収入も計算に入れる必要があるでしょう。

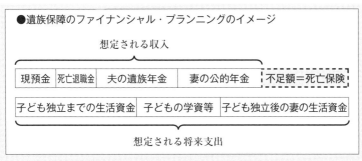

●遺族保障のファイナンシャル・プランニングのイメージ

想定される収入

| 現預金 | 死亡退職金 | 夫の遺族年金 | 妻の公的年金 | 不足額＝死亡保険 |

| 子ども独立までの生活資金 | 子どもの学資等 | 子ども独立後の妻の生活資金 |

想定される将来支出

　注意しなければならないのは、現在の生活費が大きい家庭では死亡保障額も大きく出ることになることです。保険料負担額やどこまで生活費を節約できるかなども考慮しながら保険契約を設計します。

　40代後半から50代になってくると、老後資金の準備も必要となってきます。そのような方には老後資金のファイナンシャル・プランニングを行います。

老後資金のファイナンシャル・プランニング　Column 16

　老後資金のファイナンシャル・プランニングはまず、公的年金がどの程度給付されるのかを推定します。

　第1章Ⅱで解説したように、現在、厚生年金制度から給付を受けている夫婦世帯では平均的に月額23万程度が給付されています。他方、ゆとりのある老後生活に必要な生活資金は生命保険文化センターの調査によれば、公的年金額を大きく超えます。

　ここで月額30万円必要であると仮に置くとすれば、月額7万円をどのように確保するかが問題となります。退職金や企業年金がある場合にはその金額を収入に足します。それでも足りない分を貯蓄で賄うか、積立型の個人年金保険への加入を検討することとなります。

●老後資金のファイナンシャル・プランニングのイメージ

夫			→81歳	
	65歳	70歳	76歳	80歳　夫死亡
妻				→87歳
	60歳	65歳	71歳	75歳　76歳　妻死亡
公的年金	17万	23万	23万	11万
企業年金	10万	10万		
小　　計	27万	33万	23万	11万
月額差額	▲3万	△3万	▲7万	▲9万

　図は、夫と妻が５歳違いであって、平均寿命程度生存するとしてみたものです。図の下半分に書いてある数字は夫が厚生年金、妻が国民年金で平均して受給される見込みのある数字です。また、夫退職時に月10万円の企業年金が10年間給付されるとします。

　そしてたとえば、夫婦が両方生存しているときには毎月30万円、妻が１人になったときは毎月20万の生活費が必要と仮定します。

　最下列に書いてある数字は毎年の資金の余剰・不足額です。この図では公的年金などだけでは資金に不足が生じます。老後資金には、退職金や預貯金、企業年金などでも準備できますが、足りない分は個人年金に入ることが考えられます。

　そのほか、医療保険の給付金額をどう設定するかですが、現在加入されている方の平均額は日額１万円程度です。他方、**第１章Ⅱ**で述べたとおり、入院１日当たり23300円かかったとの調査結果があります。これらを参考として決めていくとよいでしょう。

　昨今は、生涯独身の方の割合も増えています。このような方には死亡保障は葬儀代程度に抑える一方で、重大疾病保障保険や医療保険、介護保険、個人年金保険などの充実を考えるとよいでしょう。

5　保険商品の提案

　見込み客のニーズがある程度固まったら、具体的な商品設計をして、契約概要と呼ばれる設計書として提示します。場合によっては、商品設計書をみながらニーズを徐々に固めていくことも多いです。そのため、上記4のニーズ喚起と設計書の提示を交互に行うこともあります。また、合わせて注意喚起情報と呼ばれる、契約にあたって注意すべき事項を記載した書面を見込み客に交付して、保険契約の詳細を説明します。

　申込みの方向性が決まったら、再度、意向の把握を行います。最後に意向確認書により顧客ニーズに保険商品が沿ったものであることを確認してもらいます。このような流れは生命保険販売の情報提供義務および意向把握義務（後記Ⅴ3で解説します）として法的に求められるものです。

6　保険契約の申込み

　保険契約の申込みにあたっては、まず保険契約者になる人に、保険契約の申込書を記入してもらいます。申込書には、保険契約者名、被保険者名、保険金受取人名、保険料額、保障内容などが記載されています。一般にこれらはプレ印字され、署名だけをすればよいようになっています。また、この署名をタブレット端末へのサインでもらうというように、デジタルでもらう会社も出てきています。

　また、被保険者からは、告知書が求める告知事項に基づいて、身体の状況や病歴等を生命保険会社に告知してもらいます。告知書は被保険者が記入して封をしたうえで、営業職員が預かるか、直接生命保険会社に郵送します。ちなみに、保険募集人には告知を受領する権限が与えられていないので、保険募集人に伝えたからといって、告知書に記載しなくてよいということにはなりません。

　また、死亡保険金額が高額となる場合等には、被保険者等からの告知をサポートする専門職である生命保険面接士が関与することもあります。生命保険面接士の資格は生命保険協会が認定しています。生命保険面接士も告知受

領権はありません。

　加入時の年齢が高いときや、保険金額が大きいときには、保険会社の指定する医師と面接して、医師に対して告知を行います。

　最後に、保険料の払込みです。以前は、保険契約申込みと同時に第1回保険料相当額を現金で受け取る実務でしたが、最近はキャッシュレスを前提とした事務が組まれています。クレジットカード払いなど、実際に保険契約者の銀行口座からの引落としは契約成立後ということも多いです。

第一次危険選択　Column 17

　営業職員は保険を募集するのが職務ですが、同時に保険契約者、被保険者と面接をする唯一の保険会社サイドの職員です。営業職員は、保険契約者や被保険者を観察し、疑問点があれば適宜質問し、その内容を生命保険会社に報告する役目を負っています。

　募集担当者が行うことがらは下記のとおりとされています。

① 面　　接

　契約者や被保険者に面接することは保険募集人の責務です。保険契約者と被保険者と直接的に会わないまま契約を進めてはならないとされています。「医師扱」では医師が面接しますが、「告知書扱」では保険募集人だけが保険契約者・被保険者に直接面接するのですから、欠かしてはなりません。極端なケースでは被保険者が入院中に保険契約者が保険加入手続を行うこともあります。被保険者と面接していれば、このようなことは防げます。

② 観　　察

　顔色・表情・態度・言語・その他健康に関係ある事実の観察を行い、住居や生活状況等に関係することも注意深く観察します。

③ 質　　問

　たとえば観察できた生活状態を踏まえると高額すぎる保険に加入するといった場合や、保険金受取人が親子や配偶者ではなく、甥姪など、あ

まり行われない関係の人を指定する場合などでは、事情を確認するために質問をします。

　このことを第一次危険選択といいます。たとえば、営業職員が不審に思った事情などは生命保険会社への報告書（副申書）により、その旨を報告しなければなりません。適切に保険加入がなされるようにする責務を営業職員は負っています。

　ところで、昨今では通信販売やインターネット生命保険なども行われています。このような販売方法では第一次危険選択ができないことから、加入できる保険契約の金額制限をしたり、支払時の確認を強化したりする必要があると思われます。

　なお、健康に関する告知をしていただくに際しては、保険募集人は被保険者から質問があった事項についてのみ説明を行います。このときに、たとえば咳が出たので医者にかかったことを告知すべきかとの質問に対して、「ささいなことだから告知しなくてよい」という説明は後日、トラブルのもとになることがあります。実は肺炎であったような場合に告知義務違反の懸念が生ずるからです。

7　保険契約の成立とクーリングオフ制度

　保険契約申込書と告知書は生命保険会社に送付されます。生命保険会社が申込みを承諾決定した場合には、保険証券や承諾の通知書等が保険契約者あてに送付されます。詳細は第4章をご覧ください。

　伝統的には、生命保険募集では、営業職員が顧客の自宅や勤務先に訪問をして、保険申込みを受ける方式で行われます。この場合に、営業職員のいわれるまま、顧客が十分に熟慮する前に申し込んでしまうことがあります。そこで、法律では申込みを行った日か、クーリングオフができることを知らせる書面が交付された日のいずれか遅い日から、その日を含めて8日間の間は、理由のあるなしを問わずに、保険契約者は一方的に申込みの撤回、あるいは契約の取消しをすることができることとされています。

　ただし、医師診査扱いの商品で診査を受けた場合、保険会社の営業所に日時を指定して自ら出向いて行って契約を行った場合、保険料を銀行振込みによって行った場合などでは、クーリングオフ制度の利用はできません。これらの場合では、契約加入の意思がはっきりしているため、取消し・撤回を認める必要がないと考えられるからです。

Ⅲ　生命保険募集チャネルの変遷・多様化

　生命保険募集を行う個人や団体のことを総称して、募集チャネルと呼びます。本項では、ざっと募集チャネルの歴史と現状についてみていくこととします。それぞれのチャネルの具体的な内容については次のⅣで解説します。

1　伝統的チャネルの確立

　日本で生命保険が誕生した時には、生命保険会社が雇用する外務社員と地方の名士や有力者が代理店として主として募集を担っていました。この体制が大きく変わったのが、第二次世界大戦後です。

　戦後には、戦争により夫を失った女性を、生命保険の営業職員として採用するということが始まりました。当時は女性の働き口が限定されていたという事情もありました。

　他方、戦後の混乱期において不適正な募集や、「特別新契約」と呼ばれる一種の乗換え契約が批判を受けたことなどが行われたことを踏まえ、「保険募集の取締に関する法律」が1948年7月に制定・施行されました。

　高度成長期が始まる1950年代中ごろから、女性営業職員の大量採用による生命保険の拡販が盛んになりました。このころは子育てを終えた女性の就職先が求められると同時に、夫が家計の柱であった事情や社会保障が充実していなかったことなどから夫の死亡保険のニーズがあり、女性の営業職員が死亡保険を販売するという形で業界は発展していきます。

2　外資系生命保険会社の参入とチャネルの多様化

　日本の生命保険業界における外国資本会社の子会社または支店形態での展開が認められたのは、1969年以降です。最初に、進出したのが1973年2月にアメリカン・ライフ生命（現メットライフ生命）が、1974年11月にはアメリカン・ファミリー生命が、いずれも支店形態で日本に進出しました。アメリカン・ファミリー生命は2018年に日本法人化し、現在はアフラック生命と名

称を変更しています。アフラックは創業当初から銀行、新聞社、テレビ局、電力会社などの大企業を中心とした企業系列の代理店を経由した販売に強みを発揮しました。

　1987年にはプルデンシャル生命が参入し、ライフプランナーと呼ばれる保険募集人によるコンサルティング営業を主体として業績を伸ばしていきます。

　転機になったのが、1995年の改正保険業法です。この改正によって、それまで生命保険会社１社だけに専属する存在であった代理店が、複数の生命保険会社の商品を販売することが認められました。

　また、上記改正により、損害保険会社による子会社方式による生命保険業への参入が可能になりました。損害保険会社は実に12社が子会社方式（うち11社が新設）で参入をしましたが、主には従来の損害保険代理店が生命保険募集人資格を兼ねることで生損保併売チャネルとして販売することとなりました。

3　新たなチャネルの出現と競争の激化

　2001年に銀行の保険募集（銀行窓口販売）が開始されましたが、当初は商品が信用生命保険などに限定されていました。銀行窓口販売の取扱商品が個人年金などに解禁されたのが2002年10月からで、特に変額個人年金などが拡販されました。

　その後、2005年にモニタリング期間をおいて、全面解禁されることが定められ、同年12月より一時払終身保険や一時払養老保険、10年以下の平準払養老保険などの販売が解禁されました。２年間のモニタリング期間をおいて、2007年12月に銀行は全商品の販売が可能となりました。

　また、大型代理店の進展がみられたのが、特に2000年代後半からです。大型代理店は数多くの生命保険会社から委託を受け、顧客に幅広い商品の選択肢を提供します。街中の保険ショップの店頭販売や保険募集人による訪問販売を行います。

　さらに、インターネットを利用して、ウェブ上で契約がほぼ完結する生命保険会社も出現しました。

　このように、今日では保険募集のために販売チャネルが多様化し、どのチャネルから加入するかを顧客が選べるようになっています。

4　保険募集チャネルの動向

(1)　登録者数

　生命保険協会の資料（図表4）によれば、登録されている営業職員数は、2019年度は23万6987名（前年度比101.2％）と5年連続の増加となっています。この数字はここ10年の間、22万名から25万名の間で推移しており、大きな変動はありません。

　代理店関係では、法人代理店数は若干の減少傾向となっており、2019年度は3万3948店（前年度比97.9％）となりました。個人代理店数は4万9631店（同97.0％）と5年連続の減少となりました。法人代理店や個人事業主に雇われている代理店使用人数は99万9121名（同99.0％）と2年連続して減少となりました。

図表4　営業職員数、代理店数、代理店使用人数の推移

	2014年度	2015年度	2016年度	2017年度	2018年度	2019年度
登録営業職員数	227,724	229,668	232,006	232,942	234,286	236,987
法人代理店数	35,218	35,199	35,306	35,113	34,693	33,948
個人代理店数	59,700	57,786	55,805	53,537	51,169	49,631
代理店使用人数	992,266	999,218	1,003,507	1,012,385	1,009,058	999,121

出典：一般社団法人生命保険協会「2020年版　生命保険の動向」。

(2)　保険契約者はどのチャネルから加入しているか

　平成30（2018）年度に行った生命保険文化センターの調査（**図表５**）によれば、過去５年、つまり直近加入契約が平成25（2013）年以降の民間生保加入世帯（かんぽ生命を除く）について、加入経路（加入チャネル）を尋ねたところ、「生命保険会社の営業職員」が53.7％（前回59.4％）と最も多くの回答を集めました。営業職員は平成18（2006）年度調査に比べて12.6ポイントのシェアを落としていますが、引き続き主要チャネルであることには相違がありません。なお、加入経路を質問したものなので保険料額や契約高ではありません。

　次いで「保険代理店の窓口・営業職員」17.8％（前回13.7％）になっています。保険代理店は平成24（2012）年度調査の6.9％から急上昇しており、大型

図表５　直近加入経路別加入状況

（単位：％）

直近加入経路 （過去５年間）		平成 18年度	平成 21年度	平成 24年度	平成 27年度	平成 30年度
生命保険会社の営業職員		66.3	68.1	68.2	59.4	53.7
通信販売		9.1	8.7	8.8	5.6	6.5
	インターネット	1.8	2.9	4.5	2.2	3.3
	テレビ・新聞等	7.3	5.7	4.3	3.4	3.3
生命保険会社の窓口		2.1	1.9	2.5	3.1	2.9
郵便局の窓口・営業職員		―	2.9	2.1	3.0	4.2
銀行・証券会社		3.3	2.6	4.3	5.5	5.4
	銀行	3.1	2.6	4.2	5.3	4.9
	証券	0.2	0.0	0.1	0.2	0.5
保険代理店の窓口・営業職員		7.0	6.4	6.9	13.7	17.8
勤め先や労働組合		5.2	3.0	3.2	4.8	3.4
その他・不明		7.0	5.2	4.0	4.8	6.2

出典：公益財団法人生命保険文化センター（平成30年度）「生命保険に関する全国実態調査」をもとに作成。

代理店の販売量の増加が考えられます。

　「通信販売」は6.5％（前回5.6％）となっています。うち、インターネット経由は、3.3％で前回の2.2％よりは増加していますが、平成24（2012）年度の4.5％よりは減少しており、大きく伸びているということではないようです。

(3)　情報入手経路・比較

　それでは保険契約者はどのようなチャネルから情報を入手しているのでしょうか。図表6はどの経路で情報を取得したかを調査したものです。

　まず、「生保・人を介したチャネル」ですが、具体的には、生命保険会社の営業職員や保険代理店の営業職員・店頭など、生命保険を主な事業とするチャネルです。ここからの情報取得が60％超で、この10年間若干の減少がありながらも、一番多くなっています。

　次に、「非生保・人を介したチャネル」で、4割弱です。このうちの半分、全体の割合でいうと約20％は友人・知人や家族・親族からの情報取得になっています。そのほか、銀行・証券会社の店頭やファイナンシャル・プランナーなどが5～6％程度となっています。

　3番目が「生保・人を介さないチャネル」ですが、約10％です。これはパ

図表6　　直近加入契約の情報加入経路

（複数回答）（単位：％）

情報入手経路	平成21年度	平成24年度	平成27年度	平成30年度
生保・人を介したチャネル	64.1	63.0	61.4	62.7
非生保・人を介したチャネル	34.2	37.7	37.6	37.8
生保・人を介さないチャネル	11.7	11.6	8.6	10.8
非生保・人を介さないチャネル	10.5	8.8	7.6	8.9
その他	2.6	2.1	2.5	2.4
不明	1.0	0.7	0.8	0.6

出典：図表5と同じ。

ンフレットのほか、インターネット上の保険会社や保険代理店のホームページなどが多くなっています。

　一番少ないのが「非生保・人を介さないチャネル」ですが、１割弱です。これはテレビ・新聞・雑誌や一般のホームページなどです。

　図表７は商品比較をしたかどうか、比較したとしたら何と比較したのかを調べたものです。これをみると、「特に比較はしなかった」が３分の２もあり、比較して加入するというのは、いまだ少数派にとどまることがわかります。商品比較する場合は民間生命保険会社の商品と比較する人が約27％で最も多くなっています。

　複数保険会社の商品を取り扱う代理店などから加入する人はいくつかの商品を比較して加入するでしょうし、また複数の生命保険会社の営業職員から、相見積もりをとって加入するという人もいます。また、各種商品を比較して加入することを促進する施策も講じられることとなりました（第５章参照）。

図表７　直近加入時に比較した商品

（単位：％）

情報入手経路	平成21年度	平成24年度	平成27年度	平成30年度
他の民間生命保険（＊１）	25.0	27.1	24.7	26.9
県民共済・生協等の生命共済	5.7	6.8	4.6	3.9
かんぽ生命	2.9	2.9	3.6	3.8
JA の生命共済	2.4	1.5	1.3	1.5
生命保険以外の金融商品	0.9	0.7	0.9	0.8
特に比較はしなかった	67.7	66.4	69.6	66.7
不明	1.1	0.9	1.1	1.2

＊１　かんぽ生命を除く。
出典：**図表５**と同じ。

Ⅳ　生命保険募集を行う各チャネルの仕組み

本項では生命保険募集を行う各チャネルの概要について説明を行います。販売チャネルには、大きくいえば、以下の3つがあります。

---

① 生命保険会社の従業員による販売

② 生命保険会社から委託を受けた代理店による販売

③ 生命保険会社の直接販売

まず、①生命保険会社の従業員による販売は、営業職員チャネルのことを指します。伝統的には、大手生命保険会社は自社で多くの営業職員を採用し、生命保険販売を行ってきました。

次に②代理店による販売ですが、中小生命保険会社や外資系生命保険会社は代理店を利用した販売を行ってきました。代理店は生命保険会社から独立した存在として、個人または法人形態で保険販売を行っています。これらはもともと小規模な代理店でした。

1995年の改正保険業法により乗合代理店形態が認められたことをきっかけとして、生命保険代理店の大規模化が進んでいきました。大型乗合代理店は代理店形態の一種です。

銀行や証券会社による販売も代理店による販売の一種です。ただし、特に銀行については、免許制をとる規制業種であり、融資を行っていることなどから、特有の販売規制限があります。

最後に③生命保険会社の直接販売は、新聞広告をきっかけとする通信販売やネット販売などダイレクトに生命保険商品を販売するものが含まれます。

1　営業職員

(1)　生命保険会社における営業職員組織

歴史のところで触れたとおり、大手生命保険会社では伝統的に女性の営業職員が多数採用されています。昨今では、高学歴の女性を採用して、職域で

図表 8　　生命保険会社の構造と営業職員（イメージ）

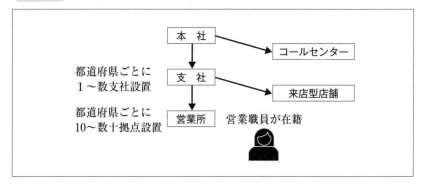

のコンサルティング営業を強化した特化型の組織も出てきています。

　また外資系の生命保険会社が、コンサルティング販売戦略を目指し、その多くを男性で固めた営業職員組織を持つ例もあります。

　図表 8 は伝統的な生命保険会社の組織形態です。生命保険会社は各都道府県を管轄する支社を設置します。大きい都道府県では数支社で分担し、小さい県は複数県をまとめて 1 支社とするところもあります。三大首都圏などでは、支社を管轄する地域本部が設けられることがあります。

　支社はそれぞれ数拠点から、数十拠点の営業所（拠点）を管轄しています。営業職員は営業所に配属され、営業所に割り当てられた地域・職域を担当します。

　上述のとおり、営業職員は対面（フェイス・トゥ・フェイス）で、いろいろなアドバイスをすることを通じて、生命保険に加入してもらうことが行われます。

⑵　営業職員の労働環境

　営業職員の給与体系は、固定給と実績給からなっています。固定給は、たとえば過去 1 年などの成績等を勘案して資格が定められ、その資格に応じた固定給が毎月支払われます。比例給は保険の販売実績によるものですが、販

図表９　　営業職員の給与イメージ

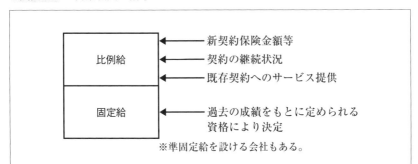

売した保険の継続状況や既存契約に対するサービス活動も勘案し、総合評価して定められます（図表９）。

　ところで、営業職員には「ターンオーバー」という問題があるといわれてきました。ターンオーバーとは営業職員を新規で多数雇用する一方で、その多くが短期で退職してしまうことを繰り返すことをいいます。

　たとえば、生命保険会社では、営業職員の採用後２年間は実績にかかわらず固定給が最低保証されます。しかし、２年を経過したあとには、挙げた成果に応じた比例給の割合が増加していきます。このような仕組みの下で、十分な成績を上げられず、辞めてしまうことがありました。特に、営業職員の親戚や近所の人に加入してもらい、その地縁・血縁が尽きると成績が上げられないということもありました。

　そこで、生命保険会社は営業職員に活動できる地域を指定し、自分の親族・近隣の人からの保険契約ではなく、十分な実力をつけることで、地縁・血縁のない地域や職域で活動できるようにする教育・指導制度を整えました。また、新契約重視主義を改め、既契約者へのサービスも重視した給与体系とするようにしました。さらに、固定給が最低保証される期間を２年から３〜５年に延長するなど、いろいろな工夫を行っています。

　批判もみられる営業職員制度ですが、高齢になっても生き生きと働く女性

営業職員が多くいます。そのような営業職員は地域で信用・信頼できる人とみられています。営業職員は、唯一ではないにせよ、これからも生命保険会社の主要な販売チャネルの１つとして位置付けられていくものと思われます。

2　代理店

　ここでは、専業代理店や士業代理店といった代理店を説明します。専業代理店は１人あるいは数人の代理店で、生命保険会社から指導を受けて生命保険販売活動を行っています。伝統的には中小の生命保険会社が販売チャネルとしてきました。

　代理店と営業職員の相違は、営業職員は通例、生命保険会社の従業員であるのに対して、代理店は生命保険会社から独立していることです。営業職員は営業所に出勤してきますが、代理店は自分の事業所で勤務します。生命保険会社と代理店をつなぐ仕事として、生命保険会社に代理店営業部や代理店営業課が設置されています。代理店営業部等に配属されているエージェンシーマネージャーと呼ばれる職員が代理店を支援・管理します（図表10）。

　また、1995年の改正保険業法により、損害保険会社の代理店であったものが、損害保険会社系列の生命保険会社の保険を販売することも多くなりました。代理店の報酬体系はさまざまですが、一例を挙げると一定期間、たとえば３か月、４か月を一期として、その期の販売実績により代理店資格を定め

図表10　生命保険会社の代理店管理組織（一例）

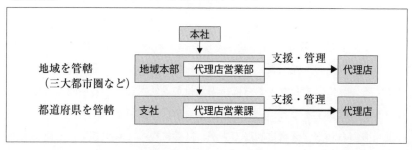

図表11　代理店手数料の払い方

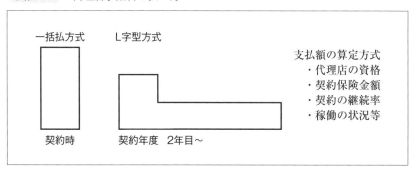

ます。そして、その資格に応じて販売実績を評価して、報酬が定まります。言い換えるとたくさん販売すると資格が上がり、1件当たりの販売手数料は増加します。

　支払方式は、契約時に手数料をまとめて支払う一時払いや、契約時と契約継続中に定められた年数にわたり手数料を支払うL字型払いなどがあります（図表11）。

　士業代理店と呼ばれる代理店があります。その主なものとしては、税理士代理店があります。税理士は顧問先の企業の状況をよく知っていますので、その企業や企業の役員の状況に応じた生命保険の提案ができます。

3　大型乗合代理店・保険ショップ

　昨今、生命保険販売チャネルで存在感があるのが、大型乗合代理店です。大型乗合代理店は、多くの生命保険会社と代理店契約を締結します。生命保険会社だけではなく、多くの損害保険会社から委託を受けて販売する会社もたくさんあります。

　大型乗合代理店の中には訪問販売組織を有するものもあります。また、街中に営業店舗を構え、来店客に生命保険を販売することもあります。保険ショップと呼ばれるものには、生命保険会社が出店するものと、大型乗合代理店が出店するものなどがあります（次頁図表12）。

図表12　大型乗合代理店の仕組み

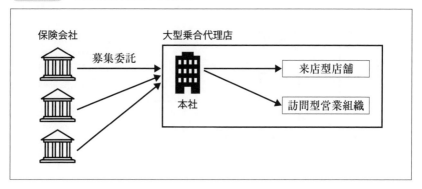

　顧客に対しては、多くの生命保険会社の商品の品ぞろえの中から、最も顧客のニーズに合致したものを提案することを訴求して販売してきました。しかし、乗合代理店において、顧客に提案する商品は、顧客に最適の商品ではなく、乗合代理店にとって最も手数料が高い商品を提案しているのではないか、との懸念が示されていました。そのため、この点に関して規制が課されています。具体的にはⅤ３⑷で後述します。

4　銀行窓口販売

　すでに述べたとおり、銀行窓口販売は2007年12月に全面解禁されました。銀行の強みは、何といっても給与や年金、退職金などが振り込まれる預金口座を持っているところです。預金口座に多額の残高があれば、保険や投資信託などの商品を勧めることで販売手数料を得ることができます。超低金利で、貸付業務から多くの収益が見込めない現在、手数料ビジネスの拡大は銀行にとって急務です。

　銀行では、保障性商品よりも投資性の強い貯蓄型商品に強みがあります。銀行は、投資信託や投資性保険など、金融商品がワンストップで買えるということを売りにしています。一方で、保障性商品はあまり販売できていません。窓口の職員も資産運用については語れても、保障についての説明は難し

いのかもしれません。

　銀行は日本経済においてあまりに強い存在であったために、いくつかの規制があります。

　まず、融資先への保険販売が制限されていることです。これは融資を行う、あるいは継続するということを圧力として、保険販売を行うことを制限するものです。融資担当職員は保険販売に関与することはできません。

　また、銀行業務で得た情報を保険募集に利用するには、顧客の事前同意が必要です。逆に、保険募集で得た情報を銀行業務に利用する場合も顧客同意が必要です。

　さらに、銀行が生命保険会社に対して、一般の代理店が販売するときよりも保険料を割り引かせることなどで、保険会社に一方的に損失を押し付けることを防止するため、銀行から生命保険会社への圧力も禁止されています。

　大型乗合代理店で述べた手数料問題は銀行窓口販売でも同様に存在します。特に、投資性の高い商品に類似する投資信託では手数料が開示されていることもあり、銀行で変額年金等の投資性商品を販売する際には、手数料が開示されることとなっています。

5　郵　便　局

　第 1 章Ⅵで述べたとおり、株式会社かんぽ生命保険は、もともと郵政省の一部局でした。郵政省では大衆向けの生命保険として、無診査、月掛けの簡易な商品を提供するものとして誕生しました。その後、生命保険会社からの民業圧迫との批判にもかかわらず、簡易保険は業容を拡大し続けました。

　2005年の郵政民営化法により、かんぽ生命が設立され、2007年に株式会社として営業を開始しました。同年、郵便局は窓口業務を行う郵便局株式会社と、物流業務を行う郵便事業株式会社とに分割されました。2012年、郵便局株式会社と郵便事業株式会社は合併し、日本郵便株式会社となりました。

　郵便局ははがきや小包など郵便業務のほか、かんぽ生命の保険募集およびゆうちょ銀行の預金取扱いを行っています。

郵便局はかんぽ生命の生命保険の販売だけではなく、一般の民間生命保険会社のがん保険や法人向けの商品や損害保険の商品も販売しています。

日本郵便株式会社では、郵便という国家の基本サービスを提供している関係から、ユニバーサルサービス（地域で分隔てのないサービス）を提供する義務が課されています。そのため、郵便事業の採算の取れない過疎地域でも郵便局を維持する必要があります。この視点に立つと、生命保険販売による手数料収入は、郵便事業本体を支える貴重な財源となっていると捉えることもできます。

なお、高齢者に不必要に多件数販売をしていたなどの不適正販売問題で、かんぽ生命と日本郵便株式会社は2019年に保険募集に関して業務停止命令を受けました。その後、2020年10月より営業が再開されています。

6　通信販売

典型的な通信販売は新聞広告などで、医療保険や定期保険といった比較的簡易な保険商品を掲載します。それをみた顧客がコールセンターへ電話をかけることで申込みを受け付けます。実際の加入にあたっては、郵送で申込書や告知書をやり取りして保険契約を締結します。

また、クレジットカード会社が代理店となり、カードの利用明細とともに保険商品の紹介をするパンフレットを同封するなどして勧誘を行うものもあります。

対面で説明するわけではないので、商品は簡単な内容のものが多く、また簡易告知型であったり、無告知型であったり、危険選択は簡易なものが多いようです。また、保険金額が低額に抑えられたり、加入後一定期間は保障対象外になったりするなどの制限があります。

7　インターネット販売

2008年にインターネット専業の会社が2社開業しました。これらの会社では、本人確認書類の送付等を除けば、ネット上で告知や申込みが完了する方

式でスタートしました。当初はライフネット生命保険とアクサダイレクト生命保険だけでしたが、2013年に楽天生命保険が参入し、また他の会社で専業でない会社もインターネット経由で加入できる生命保険会社が増加しています。

　デジタル化の進展に伴い、インターネット販売の拡大が予想されますが、上述のとおり、当初期待されていたほどにはシェアを取れていません。インターネット上だけでは、複雑な商品の販売は難しいようです。顧客は複雑な商品に加入しようと思うと、誰かにアドバイスを受けたいと思うことが多いことによるものと考えられます。

　インターネット販売では、加入にあたって人手がいらないことや、広告宣伝費を使わないことで、保険料が安いことを訴求しています。ただ、ネット上だけでは十分な知名度を得られないため、テレビCMを行っているインターネット生命保険会社もあります。

8　独立系ファイナンシャル・プランナー

　独立系ファイナンシャル・プランナー、通常、独立系FPと呼ばれる事業者は顧客に生命保険に関する助言をすることで、助言料を顧客から報酬として取得することが通常です。必ずしも生命保険に限定されず、投資信託など金融商品一般について助言をします。特定の生命保険会社からの募集委託契約はありません。

　まだ、日本には助言に報酬を支払うという認識は一般ではありませんが、たとえば英国などでは中立的な立場から保険について助言を行い、顧客からのみ手数料を受け取ることとされる独立金融アドバイザー（Independent Financial Advisor：IFA）という販売チャネルがあります。

9　保険仲立人

　保険仲立人は保険会社から委託を受けないで保険の勧誘を行う事業者です。一般には、顧客から委託を受けて、生命保険会社と折衝して最適の保険

契約を締結させるものです。生命保険会社との間には業務提携契約を結び、事務はその契約に基づいて行います。

　生命保険契約の契約条件には通常は交渉の余地はなく、保険会社と折衝して有利な条件を引き出すことを特徴とする保険仲立人のメリットが生かせるとは考えにくいです。そのため、保険仲立人は、損害保険が中心の販売チャネルです。

Ⅴ　生命保険募集ルール

　生命保険の募集にはルールがあるのはすでに述べました。本項はその具体的内容を解説するものです。

　まず、生命保険募集人には登録義務があります。そして、一定の行為義務が課され、逆に不適正な行為は禁止されます。さらに大規模な代理店には一定の体制整備義務が課されます。

1　生命保険募集人資格

　本章の冒頭で、営業職員などの生命保険会社の従業員、代理店など生命保険会社から委託を受けて生命保険の募集を行うには、生命保険募集人資格が必要と説明しました。生命保険募集人となるには、内閣総理大臣への登録が必要です。実際には地方の財務局・財務事務所に登録をします。

　なお、保険会社から委託を受けない形で保険募集を行う者は保険仲立人の資格が必要ですが、本書では省略します。

　生命保険募集人の登録申請は生命保険会社から行います。生命保険会社とは別会社である保険募集代理店の従業員である生命保険募集人も、委託生命保険会社から登録をします。このように登録を行う生命保険会社のことを代理申請会社と呼びます。

　生命保険募集人の登録にあたっては、生命保険に関する一定の知識が必要とされています。そのため、生命保険協会では、保険募集人向けの試験を実施しています。その試験に合格することで、登録に必要な知識を有していると認められます。生命保険会社は保険募集人候補をリクルートして、試験に合格するように、また、きちんと自社商品が顧客あてに説明できるように、適切な販売活動に向けた教育を、登録の前後にわたり行います。

　生命保険協会では、登録に必要な最低限の知識に関する試験だけではなく、専門課程試験などより高度な試験も実施しています。また、変額保険・変額年金が販売できる試験や、外貨建保険・年金を販売できる試験を実施し

ています。各生命保険会社はこれらの試験に合格した者についてのみ、変額年金や外貨建保険の販売を認めています。なお、外貨建保険の販売資格を有する者の生命保険協会への登録制度が2022年からスタートすることとなっています。

　保険募集人は技能や専門知識維持のため、毎年継続教育を受ける必要があります。

2　一社専属制と乗合

　上述のように、法律上は、生命保険募集人は一社専属制が原則とされ、乗合代理店は例外措置として定められています。

(1)　一社専属制

　一社専属制ルールは生命保険会社と生命保険募集人双方に対するルールとして定められています。まず、生命保険会社へのルールとして、他の生命保険会社の生命保険募集人に対して、保険募集の委託をしてはならないとされています。他方、生命保険募集人に対しては、他の生命保険会社の委託を受けるなどして保険募集を行ってはならないとされています。

　保険業法では、所属保険会社は、保険募集人が保険募集について保険契約者に加えた損害を賠償する責任を負うこととされています。このことは、生命保険募集人の行為について、責任を負うべき生命保険会社を明確化するということです。

　生命保険会社は生命保険募集人教育を実施して、適正な募集が行われるようにしなければなりません。また、一社専属制をとることで生命保険会社による継続的・効率的なコンサルティングセールスやアフターサービスの提供などが容易になります。

(2)　乗　　合

ここまで読むと、乗合代理店がなぜ認められるのか疑問に思われるかもし

図表13　損害保険代理店による乗合方式

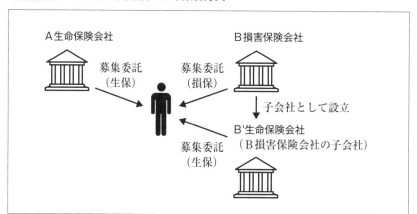

れません。しかし、新規生命保険会社が市場参入して、代理店チャネルを活用しようとしても、一社専属制の下ではできないことになります。そこで保険業法は、代理店が一定の募集品質を確保できることを条件として乗合を認めています。

　一社専属制の例外となる乗合代理店は2つの類型が認められています。

　1つは損害保険代理店で、生損保の子会社形態での相互乗入れが認められる前に、生命保険会社の商品を販売していた代理店についてのルールです。このような代理店が、所属損害保険会社が新たに子会社として生命保険会社を立ち上げたときに、その損害保険代理店は所属損害保険会社の子会社の生命保険も合わせて販売できるとしたものです（損害保険代理店による乗合方式（**図表13**））。

　もう1つが生命保険募集人およびその使用人のうちに、2以上の所属保険会社等のために行う保険募集に係る業務を的確かつ公正に遂行するために、所要の知識等の修得をし、または業務の適正な管理を行い得る者がいる場合です。具体的には、生命保険協会の一般課程合格者が1名以上、同じく専門課程合格者が1名以上、計2名以上の生命保険募集人が必要となります（次頁**図表14**）。

図表14　管理者を置くことによる乗合方式

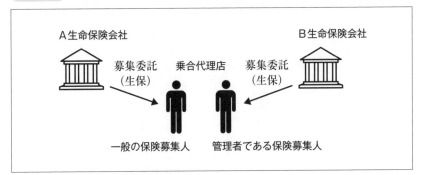

再委託の禁止　　　　　　Column 18

　生命保険募集を委託された代理店が、さらに他の代理店等に生命保険募集を委託すること（再委託）は原則として禁止されています。これは、再委託をすると生命保険会社からの管理監督が及びにくく、責任もあいまいになってしまうからです。

　唯一認められる例外として、同一グループ会社内の生命保険会社間で募集委託をする場合に、募集委託を受けた生命保険会社が自社の代理店に募集を再委託することが認められています。この場合は、生命保険会社が直接管理する代理店に委託するものなので、弊害が少ないと考えられています。

3　保険募集規制

　保険募集にあたって、保険会社または保険募集人（以下、保険募集人等といいます）には、行うべき積極的な義務として、顧客意向把握義務と、情報提供義務があります。また、行ってはならないとされる消極的な義務として、不適正販売の禁止があります。そのほか、2014年改正で保険募集人の体制整備義務が定められました。保険募集人の体制整備義務は後記４で説明するとして、積極的義務と消極的義務をここでは説明します。

(1) 顧客意向把握義務

上述のとおり、保険募集人等は、顧客意向に沿った保険商品を販売する必要があります。これは顧客ニーズを踏まえた販売という保険募集にあたってのサービスとして行うものですが、法的な義務でもあります。求められるものとしては、以下のものがあります。

① 募集にあたっての顧客意向の把握

これは、顧客意向に沿った商品提案をするためのものです。

② 具体的な商品に申込みをいただく前の顧客意向の把握

このことを通じて、当初から申込時まで顧客意向がどう変わったか、申込時の顧客意向と、最終的に申し込むこととなった商品の特性がどう変わったかなどを保険募集人が確認します。

③ 保険契約申込時に顧客が自分の意向と商品が合致していることを確認

顧客自身が申込みの前に自分の申し込もうとする商品が、自分のニーズと合致しているかを確認する機会を設けるためのものです。

顧客意向把握義務と適合性原則　Column 19

後述のとおり、投資性のある生命保険には適合性の原則の適用があります。以前より、投資性のない生命保険についても、適合性原則の適用があるのではないかとの議論がありました。しかし、適合性原則とは投資経験や資産状況、投資目的等に照らして、投資する商品がその人に適するかどうかの原則です。端的にいえば投資商品の値下がり等のリスクを顧客が負うことが適切かどうかの判断にかかるものであるため、一般の生命保険商品への適用は考えにくいものです。

金融審議会等での議論の結果、一般の生命保険においては、いわゆる適合性が問題なのではなく、顧客ニーズと保険商品とが合致しているかどうかが問題となるとされました。しかし、ニーズと合致しているかどうかを最終的に判断するのは顧客自身以外では困難です。そこで本文に

あるとおり、顧客意向を把握して保険募集人等が商品を提案し、最終的には顧客が自身の意向と保険商品が合致するかどうかの確認をする機会を与えるべきものとして義務化されました。

(2)　情報提供義務

　情報提供義務は、保険募集人等が保険募集にあたって保険契約者等に参考となる情報を提供すべき義務です。具体的には生命保険商品の特徴と、注意事項を顧客に理解してもらう義務です。

①　契約概要

　生命保険の特徴を説明する書類として、まず契約概要があります。これは生命保険の保障内容等を説明する書類です。

　生命保険販売では、たとえば医療保険や定期保険など保険商品の概要をまずはパンフレットで紹介します。顧客が興味を持ったら、顧客から生年月日や、希望する保険金額・保険期間、希望する保険料額などをヒアリングして、その人の条件に沿った具体的な保険契約を提案します。この提案書を一般に設計書と呼んでいます。契約概要はその人のために設計した具体的な保障内容を説明するものですから、この設計書と一体化していることが多いです。

②　注意喚起情報

　もう１つ、契約概要と一緒に提供するのは、注意事項を記載した注意喚起情報です。注意喚起情報では保険契約を申し込むにあたっての注意事項、たとえば、契約後、早期に解約すると保険料がそのまま戻ってくるわけではないこと、告知義務に違反すると保険金が支払われない可能性があること、クーリングオフができることなどが書かれています。

③　説明義務

　これらの書類をもとに、顧客の知識に応じて丁寧に説明する必要があります。

　合わせて、保険契約申込書をいただく前に、保険約款と、約款の重要事項を抜き出したご契約のしおりを顧客に交付して、重要事項を説明することも必要です。

　この説明義務は監督規制として課されているものですので、違反した場合には行政上の措置がとられます。また、説明義務を著しく欠く生命保険商品の販売には、生命保険会社等に損害賠償義務が課されることがあります。

(3)　不適正販売の禁止

　禁止される不適正販売としては、重要な事項を説明しないことや、重要な事項について正しくないことを説明することが挙げられます。これは(2)で上述した説明義務と重複するようですが、もともと保険業法には最近まで上記で説明した積極的な説明義務規定はなく、この不適正販売の禁止規定を根拠として、保険募集人の説明義務が要求されてきたという経緯があります。

　また、被保険者などが正しく告知義務を行おうとすることを妨害することや、不正な告知を行うことを求めることは禁止されます。告知義務違反があった場合は、保険契約は解除され、保険金が支払われない場合があります。しかし、保険募集人が不正な告知に関与した場合は、保険会社は契約解除を行えません。告知の妨害等の行為があった場合は、保険募集人に刑事罰等のペナルティが科せられます。

　さらに、不正な契約乗換えが禁止されています。契約乗換えは正しく行われれば問題のない行為です。ただし、保険募集人が新契約の獲得によって手数料を得るため、必要もないのに、既存の契約を消滅させ、新たな契約を締結させることが考えられます。

　このような行為を防止するため、生命保険会社は、既存の契約の解約と新規契約の加入とが短い期間で行われた場合には、保険募集人の成績とはせず、むしろ問題事例として注意を喚起するようにしています。

(4)　比較販売に係る規則

乗合代理店では、複数の生命保険会社が提供する同種の商品を取り扱っています。乗合代理店が顧客に販売した商品が、他の同種の取扱商品と比較して、より顧客ニーズに合致することを確保するために、規制が行われています。

まず、乗合代理店は自店で取り扱っている比較可能（＝同種）な商品の概要を示す必要があります。概要を示したあとで、顧客の要望（保険料がいくら程度、保障はこの程度など）に沿って商品を絞り込んだときには、その絞り込んだ基準や理由を示す必要があります。顧客は絞り込まれた商品の中から自分に合った商品を選択して申し込むこととなります。

もう1つ、顧客意向を踏まえながらも、乗合代理店のお勧め商品を示す方法があります。この場合に、乗合代理店は顧客に対して、商品特性や保険料水準などその商品をお勧めすることとなった客観的な理由を示す必要があります。

4　投資性のある保険に関する募集規制

変額保険・変額年金保険、外貨建保険・外貨建年金保険などのような投資性のある生命保険は、投資性のある保険として「特定保険」と保険業法上定義されています。

投資性保険（特定保険）は、投資信託などの金融商品の販売等を規制する金融商品取引法の規制が準用されます。主な規定としては、①適合性原則、②契約締結前・契約締結時の書面交付義務、③虚偽告知など不適正行為の禁止があります。

(1)　適合性原則

適合性原則とは顧客の知識、経験、財産の状況、金融商品取引契約を締結する目的に照らして、不適当な勧誘を行ってはならないという金融商品取引法による規制です。

　投資性保険も、投資信託のように株価や外国為替等市場における価格変動があります。そこで、投資性保険を販売する者は、顧客のバックグラウンドを知ったうえで、適切に募集を行う必要があるとして、金融商品取引法を準用したルールが適用されます。

　このルールでは、たとえば、投資性保険に加入しようとする人の属性に合わせた説明を行わなければならないとされ、また、投資経験のない高齢者などには、過剰にリスクの高い商品を販売してはならないとするものです。

(2)　契約締結前・契約締結時の書面交付

　契約締結前交付書面とは、金融商品取引法の準用により、顧客が投資の判断を行うために、事前に交付しなければならないとされる書面です。顧客保護のために、契約の概要、諸費用、主なリスクなどの重要な事項が記載されています。取引に伴うリスクを正しく理解してもらうため、取引に先立って確認してもらいます。保険業法で提供しなければならないとされる、契約概要や注意喚起情報と一体として顧客に提供されます。

　契約が締結された場合、契約締結時の書面交付として、遅滞なく顧客が行った取引の内容を顧客に提示する必要があります。投資性保険の場合は、保険証券で代替することが多いものと考えられます。

(3)　虚偽告知等の不適正行為の禁止

　重要事項について事実と異なることを告げることや、重要事項または重要事項関連事項について顧客の利益となる旨を告げ、かつ、当該重要事項に関する不利益となる事実を故意に告げないことなどの行為が禁止されます。

5　保険募集人の体制整備義務
(1)　総　　論

　保険業法の販売ルールはこれまで、保険会社が顧客保護ルールを策定して、それを所属営業職員や所属代理店に対して責任を持って遵守させるもの

でした。そして、不適正な販売や説明不足の責任は保険会社が負うものとされています。

しかし、大型保険代理店や銀行・証券など、小規模な保険会社よりも大きな営業規模を持つ保険募集人が出現しました。また、これらの大型保険代理店等は、乗合が普通で、多数の保険会社から委託されて保険を販売しています。したがって、生命保険会社が自社ルールを遵守させようとしても、乗合代理店の持っているルールと異なる場合には、遵守させられないことになります。

そこで、2014年の保険業法改正により保険募集人の体制整備義務が導入されました。ここで保険募集人とありますが、営業職員や個人で営業しているような代理店では、生命保険会社の体制整備義務に従って、これを遵守することで足りるとされています。したがって、ここでいう保険募集人とは、主には大型保険代理店等を指します。

なお、以下では、保険募集人に雇用されて、実際に保険募集に関与する人を使用人と呼びます。

(2)　体制整備義務の内容

①　役員・使用人の適格性の確保等

保険募集人は生命保険募集にあたっての、適切な知識を有することが募集人登録の要件となっています。そのため、まずは保険募集人において、その事業に従事する役員・使用人が法律の登録適格条件に反するものでないかを確認する必要があります。また、登録に適するだけの保険募集の知識を有し、保有し続けるように教育を行う必要があります。

なお、上述のとおり、生命保険業においては、保険募集人が募集を他人に委託するという「再委託」が原則として禁止されています。そのため、使用人は保険募集人と雇用関係があり、保険募集人からの指揮命令に従う者である必要があります。独立した第三者に募集委託をすることはできません。

②　法令等の遵守に係る教育・管理・指導

　まず、保険募集人は社内規則によって、保険募集に関する法令等の遵守、保険契約に関する知識、内部事務管理態勢の整備（顧客情報の適正な管理を含む）等について定める必要があります。

　この社内規則によって、保険募集に従事する役員または使用人の育成、資質の向上を図るための措置を講じるなど、適切な教育・管理・指導を行う必要があります。

　社内規則ですので、作ればよいというものではなく、規則が遵守されていることを監査部門などでモニターする必要があります。ただし、保険募集人の企業の規模によっては監査部門を設けることができない場合には、監査担当者を設けるなどの代替策でよいと思われます。

③　顧客情報管理

　顧客情報の適切な管理のため、保険募集人自身あるいは事務の外部委託先においては、保険募集人の規模や業務特性に応じた体制を整備し、個人情報保護法にのっとって適切に対応する必要があります。

　個人情報保護法では、適切な情報の取得、利用、保管、廃棄が求められます。情報の適切な取得にあたっては、利用目的を明示する必要があります。特に、本人の人種、信条、社会的身分、病歴等のような配慮個人情報は取得にあたって本人の明示的な同意が必要です。

　個人である顧客の情報に係る安全管理措置等については、保険募集人の規模や業務特性にかかわらず、当該情報の漏えい、滅失またはき損の防止を図る必要があります。

　個人情報の利用は当初に明示した利用目的の範囲内であることが求められ、第三者提供は原則として本人の同意が必要です。なお、保険募集人自身の事務を外部委託するにあたって情報を提供することは、自社業務について利用する限りにおいては、個人情報の第三者提供には該当しません。

　顧客情報が金融商品取引法上の内部情報に該当することもあり得ます。この場合、内部情報を利用して、株式などを売買することはインサイダー取引

規制に違反することになります。

　このように募集代理店には法令遵守の体制整備が求められ、法令遵守コストを負担する必要があります。

第4章 生命保険会社の業務

　生命保険の基礎（第1章）、生命保険商品（第2章）、生命保険の募集（第3章）と学んできました。

　第4章では生命保険会社の業務の概要を、みていきたいと思います。

　まず、生命保険会社の設立・免許取得から、経営管理までについて説明をします。合わせて生命保険会社のグループ化について述べます。

　次に生命保険会社経営の肝である財務の健全性確保の手法を解説します。

　そして生命保険会社の中心業務の1つである生命保険引受業務を、その後、もう1つの中心業務である資産運用業務を解説します。

I　生命保険会社の経営

本項では、まず生命保険会社が設立され免許が付与されるという流れを説明します。その後、生命保険会社のガバナンスの形態および役員の選任について説明します。

1　免許の対象となる生命保険業

生命保険業は免許制の事業であることから、生命保険会社を運営するにあたっては、内閣総理大臣から免許を取得する必要があります。

そうするとまず、生命保険業とは何か、ということを明らかにする必要があります。保険業法によると、生命保険業とは、人の生存または死亡（余命が一定期間以内であると医師により診断された身体の状態を含む）に関し、一定額の保険金を支払うことを約し、保険料を収受する保険を引き受ける事業と定義されています。つまり、人の生存（満期保険金がある契約や年金など）や人の死亡（死亡保険金の出る契約）に関する保険契約を、事業として引き受けることが生命保険業の内容です。

ただし、少額短期保険業者や、共済が行う保険・共済事業はほかに法律上の根拠があるため、その法律規定に従って事業を行っています。なお、少額短期保険業者と共済については第1章Ⅵをご参照ください。ちなみに、上記の生命保険業の定義のかっこ書きの中ですが、たとえば余命6か月となったときに保険金を支払うリビングニーズという特約があります。かっこ書きはこれを定義の中に読み込んだものです。

内閣総理大臣からの免許なしに生命保険業を営むと、刑事罰が科せられます。

2　免許の申請

生命保険業を行うのは個人ではなく会社ですので、免許申請にあたっては、まず準備会社を設立します。準備会社は株式会社または相互会社の形態

で設立します。

準備会社への免許の付与にあたっては、以下の点が審査されます。

> ①　十分な財産的基礎があり、収支見込みが良好であること（十分な経済的基礎）
>
> ②　運営をする人に知識や経験があり、十分な社会的信用があること（適切な人的基礎）
>
> ③　事業方法書・普通保険約款が適切であること（適正な契約条件）
>
> ④　保険料および責任準備金算出方法書が適切であること（適正な保険数理）

上記のほか、免許申請会社は、株式会社の資本金または相互会社の基金が10億円以上である必要があります。また、会社の機関として、取締役会と、監査役会（または監査等委員会、指名委員会等）の設置が必要です。監査役会などについては、後記4で説明します。また、会社の財務書類等を監査する会計監査人を設置していることが必要です。

免許が認められた生命保険会社は、すみやかにその事業を開始する必要があります。

3　生命保険会社が行える事業

生命保険会社は生命保険業と同時に、医療保険や介護保険といった傷害疾病保険（第三分野の保険）の引受事業を行うことができます。第三分野の保険の引受事業は生命保険会社か、あるいは損害保険会社が兼業することが可能とされています。逆にいうと第三分野の保険の引受事業専門の保険会社は想定されていません。

生命保険業と損害保険業の兼業は認められていません。以上をまとめると次頁図表1になります。

生命保険会社の本業は、保険の引受と資産運用業務とされています（固有業務といいます）。そして、生命保険会社は原則として、他の事業を行うことが制限されています（他業の制限）。ただし、保険業法で認められた固有業務

図表 1　生命保険業、損害保険業と傷害疾病保険業

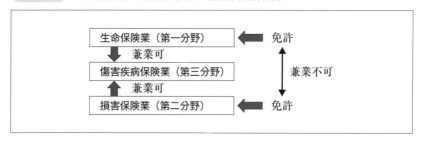

に伴う業務（付随業務といいます）と、法律で特に認められた事業（法定他業といいます）については営むことができます。生命保険会社の営める業務を整理すると以下のとおりです。

> ①　固有業務（保険の引受、資産運用）
> ②　付随業務（金融業に係る業務の代理または事務の代行、債務の保証等）
> ③　法定他業（社債等の募集・管理の受託業務、保険金信託業務等）

4　生命保険会社の経営管理

　第１章で述べたとおり、生命保険会社には株式会社と相互会社があります。株式会社では、株主総会が取締役等の役員を選任し、決算を承認し、株主配当を決定するというのが原則です。相互会社では、通常、社員の代表である総代が社員によって選出されます。そして総代による会議である総代会が株式会社の株主総会と同じ役目を果たします。なお、相互会社では株式配当はなく、保険契約に対する配当のみが支払われます。

　株式会社でも相互会社でも、選任された取締役により構成される取締役会が、重要な経営事項について意思決定を行います。具体的に取締役会の重要な機能としては、経営戦略の決定、社長を筆頭とする業務執行取締役等の選任・解任、および経営執行の監視・監督です。

　監査役会設置会社においては、取締役とは別に監査役が選任され、監査役

が経営の監査を行います。一般事業会社では監査役を選任しても監査役会を設置しない会社もありますが、生命保険会社では3名以上の監査役で構成される監査役会を設置する必要があります。指名委員会等設置会社や監査等委員会設置会社では、監査役は選任されず、それぞれ監査委員会、監査等委員会を構成する取締役が経営の監査を行います。

監査役会設置会社・指名委員会等設置会社・監査等委員会設置会社　Column 20

　もともと生命保険会社を想定しているような大きな会社では、日本の会社法（以前は商法等で規定）が認めていた監査役会設置会社の形態をとることとされてきました。ところが、取締役業務の監査を行う監査役という制度は日本独特のもので、海外からみてわかりにくかった面がありました。そのため、英米型の指名委員会等設置会社の制度が認められることになりました。指名委員会等設置会社では、取締役で構成される指名委員会、報酬委員会、監査委員会の3つの委員会を設置することが求められ、他方、経営の執行は取締役とは別に執行役という役員が選任されて行うこととされています。指名委員会等設置会社では取締役で構成される監査委員会が監査を担当するため、監査役は選任されません。

　指名委員会等設置会社では、指名委員会等で決定した事項については取締役会で変更できないなど、制度が厳重すぎて利用は進みませんでした。

　その後、取締役会のほかには監査等委員会のみを設置する、監査等委員会設置会社の制度が認められました。監査等委員会設置会社にも、監査役は選任されません。

　生命保険会社である株式会社および相互会社には監査役会設置会社、指名委員会等設置会社、監査等委員会設置会社の3つが認められていることになります。たとえば日本生命は監査役会設置会社ですが、明治安田生命と住友生命は指名委員会等設置会社です。また第一生命の持株会社は監査等委員会設置会社になっています（次頁**図表2**）。

図表2　3つの会社形態（株式会社・相互会社）

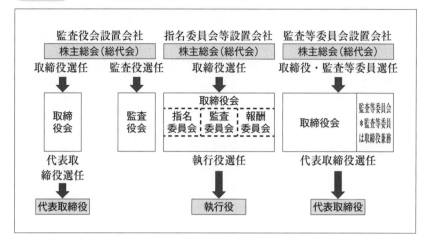

5　役員の選任

　生命保険会社の常務に従事する取締役・執行役と監査役には、保険業法上役員としての適格性が求められます。この適格性ルールは英国の fit and proper 原則に範をとったものです。生命保険会社の経営を行う役員の知識や適性を確保することで、会社の適切な運営を担保するものです。これは株主総会が、会社のコンプライアンスやリスク管理が適切になされ、効果的かつ効率的な経営を行うための中心となる手段として、役員選任の権利を持つことに類似しています。

　常務に従事する取締役と執行役は保険会社の経営管理を的確、公正かつ効率的に遂行することができる知識および経験が法律上要求されています。なお、昨今では社外取締役、あるいは独立社外取締役の選任が、生命保険会社だけではなく一般の事業会社に対しても求められるようになってきました。具体的には、Column21をご覧ください。

　同様に監査役には、取締役・執行役の職務の執行の監査を的確、公正かつ効率的に遂行することができる知識および経験が法律上求められています。

社外取締役と独立社外取締役　Column 21

　区別のつきにくい社外取締役と独立社外取締役ですが、前者は会社法で設置が求められ、後者は証券取引所の上場規定で設置が求められているものです。

　いずれも社長を筆頭とする業務執行ラインに対して、独立した立場から意見をいうことが求められる点では変わりがありません。会社法は原則として上場しているかどうかにかかわらず適用されるので、社外取締役は会社の仕組みとして必要とされているものです。社外取締役は、指名委員会等設置会社と監査等委員会設置会社には設置が必須です。また、監査役設置会社でも原則としては上場会社等に限定されるものの、社外取締役を設置することが求められることになりました（2019年改正会社法）。社外取締役の社外要件は、自社や子会社等の役職員であったり、過去10年に間に自社や子会社等の役職員であったりしたことがないなどの条件が法定されています。

　他方、独立社外取締役を求める上場規定は、上場している株式会社にのみ適用される制度です。独立社外取締役は証券取引所が要件を定めています。社外という要件に加えて、一般の株主と利害が反しないなど独立性が強く求められています。もともと上場規定では、取締役か監査役のうち、少なくとも１名が独立役員であることを求めてきました。独立役員とは、一般株主と利益相反が生じるおそれのない社外取締役または社外監査役のことをいいます。一定のガイドラインはありますが、最終的には会社自身が独立しているかどうかを判断します。

　そして東京証券取引所では2015年６月のコーポレートガバナンス・コード（後記Ⅵ２⑵で解説します）の採用により、上場会社には最低２名の独立社外取締役を選任すべきであり、そうしない場合はその理由の説明を求める（コンプライ・オア・エクスプレイン：従うかそうでなければ説明せよ）こととしました。この点については後記Ⅵ２⑵で解説します。

Ⅱ　保険会社グループ

　生命保険会社は業務展開を行うために、企業グループを構成します。事業会社が生命保険会社を傘下に持つためグループを形成することもあれば、生命保険会社が海外の保険会社を傘下に持つためグループを形成するなどいろいろなバリエーションがあります。ただ、生命保険会社にはグループを形成するにあたって規制がありますので、本項ではそれを中心に解説します。

1　主要株主規制

　上場されている生命保険会社の株式は、誰でも取得することができます。ただし、原則として、生命保険会社の発行済議決権の20％以上の株式を取得する場合には、内閣総理大臣の認可が必要となります。なお、相互会社は保険契約者が社員となって相互会社の持主になるので、保険契約者以外が会社の持分を持つことはありません。

　図表３のような規制の趣旨としては、まず、生命保険会社が他業の制限があるのに対して、生命保険会社の株を保有する主要株主自身には業務制限がないことが挙げられます。

　たとえば、生命保険会社は自動車メーカーを子会社とすることはできませんが、自動車メーカーは生命保険会社を子会社とすることができます。この場合、生命保険会社が他業を行っているわけではありません。しかし、仮に主要株主である自動車メーカーが経営悪化に陥ったときに、そのリスクが生

図表３　主要株主規制

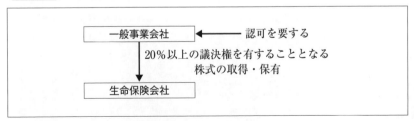

命保険会社に影響するような事態が懸念されます。そのため、そのような事態にならないように規制する必要があります。

そこで、保険業法は以下のようなルールの下、主要株主になろうとする者に対して認可を行うこととしています。

> ①　取得資金や取得の目的に照らして、保険会社の業務の健全かつ適切な運営を損なうおそれがないこと
> ②　主要株主となる会社（子会社も含む）の財産および収支の状況に照らして、保険会社の業務の健全かつ適切な運営を損なうおそれがないこと
> ③　主要株主の人的構成等に照らして、保険業の公共性に関し十分な理解を有し、かつ、十分な社会的信用を有する者であること

このように認可を要件としつつも、要件を満たせば20％以上の議決権を取得することができるとするのは、主要株主が自分の事業リスクを生命保険会社に押し付けるものでなければよいからです。

これに対して、生命保険会社が親会社として他業に進出するときには、その他業のリスクが、直接的に生命保険会社のリスクとなってしまう危険があるため厳格に制限されます（後記３で解説します）。

2　保険持株会社

生命保険会社の持株会社とは、生命保険会社を子会社とする会社であって内閣総理大臣の認可を受けたものをいいます。先ほど挙げた自動車メーカーの例でも、直接、生命保険会社を子会社として保有することもできます。ほかの選択肢として、持株会社を子会社として設立し、孫会社である生命保険会社の経営管理を行わせることもできます。ソニーグループ傘下のソニー生命（ソニーフィナンシャルホールディングス）はその事例です。

また、昨今では、大同生命と太陽生命、あるいは第一生命のように生命保険会社が保険持株会社を設立して、もともとの本体であった生命保険会社がその子会社となる事例も出てきています（次頁**図表４**）。

図表 4　事業会社が川下の中間持株会社を設立する例と複数の保険会社が持株会社を設立する例

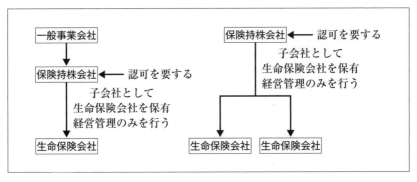

　このような保険持株会社を設立するメリットは、たとえば海外の生命保険会社を子会社にしたいと考えたときに、買収のための資金調達などを機動的に行えるということがあります。しかも、日本の生命保険会社の子会社ということではなく、持株会社傘下の同格の会社としてグループ会社にできるということがあります。

　ただし、往々にして、保険持株会社の傘下に、1つだけ大きな生命保険会社がぶら下がっているということがあります。このようなときには、特に、生命保険会社の経営陣と、保険持株会社の経営陣の意思のすり合わせが課題となります。そのために、保険持株会社の経営陣と主要生命保険会社の経営陣が兼務することがあります。

　保険持株会社の業務は、保険会社等を子会社として保有し、子会社の経営管理を行うことに限定されています。

3　子　会　社

　生命保険会社には、他業の制限が課せられています。生命保険会社本体で直接行う場合は前記Ⅰですでに述べましたが、子会社を通じて実質的に他業に進出することについても規制がなされています。

保険会社は、以下に掲げる会社以外の会社を子会社としてはなりません。

---

① 　生命保険会社、損害保険会社、少額短期保険業者

② 　銀行、長期信用銀行

③ 　資金移動専門会社

④ 　証券専門会社、証券仲介専門会社

⑤ 　信託専門会社

⑥ 　保険業を行う外国の会社

⑦ 　銀行業を営む外国の会社、有価証券関連業を行う外国の会社、信託業
　　を営む外国の会社

⑧ 　従属業務または金融関連業務を専ら営む会社

⑨ 　新規事業分野開拓会社（ベンチャー・ビジネス企業）等

⑩ 　①〜⑨のみを子会社とする持株会社

　特徴的な点だけを述べると、1995年改正保険業法により、生損保の子会社
形態による相互参入が認められるようになりました（①、⑥関係）。また、
1998年改正により、生命保険会社が他の金融業界、具体的には銀行・証券・
信託業界に参入できることとなりました（②、④、⑤、⑦関係）。なお、③の
資金移動業は最近認められた事業でICT技術の活用により個人間の資金決
済などを行う業務です。

　金融業界における相互参入には本体参入と子会社による参入があります。
子会社による参入では、子会社が事業に失敗した場合でも、子会社の資本金
がなくなる（＝親保険会社の保有する株の価値がゼロになる）だけで済みます
ので、本体参入よりリスクが限定されていると考えられています。

　⑧のうちで従属業務とあるのは、生命保険会社自身の事務をアウトソース
するような事業で、たとえば営業職員が使用する募集用の物品（カレンダー
や扇子など）の売買を行うものや、生命保険会社のシステム開発・運用を請
け負うような会社が該当します。これらは一般事業会社ですが、子会社とし
て保有しても新たなリスク負うものではないことから認められています。

　なお、これらの従属会社の収入の一定割合以上が、親生命保険会社やその

グループ保険会社からでなければならないとする規制があります。

　また、⑧のうち金融関連業務とは、生命保険会社においては保険募集や保険事故の調査を行う会社などが認められています。最近では共働き家族支援の観点などから、保育園の運営なども認められるようになりました。

Ⅲ　財務の健全性確保

　生命保険業の肝となる１つが財務の健全性確保です。本項では、保険料の設定方法、責任準備期の積立て、ソルベンシー・マージン比率規制といった生命保険会社の財務健全性確保の仕組みについて解説を行います。

1　総　　論

　生命保険契約では、保険契約者からの保険料は通常、前払いとされる一方で、生命保険会社が支払う保険金は後払いになります。保険契約者にとってみれば、支払った対価である保険金が返ってくることが、最も大切なことになります。

　保険金が間違いなく支払われるためには、生命保険会社の財務の健全性が継続的に確保されることが重要です。

　生命保険会社特有の財務健全性の確保の方策は、おおむね以下の３つの柱からなっています。

---

①　標準責任準備金の積立て

②　ソルベンシー・マージン比率規制

③　保険計理人による責任準備金の十分性、配当の公平性、経営の継続性等の確認

　それぞれを具体的に説明する前に、概略を述べます。まず、責任準備金とは将来の保険金支払いに備えて、生命保険会社の中で積み立てておくお金のことです。この責任準備金は、「通常」発生する範囲の保険金支払いをカバーすることを目的として積み立てられます。責任準備金の積立水準を規制するものが標準責任準備金制度です。

　ソルベンシー・マージン比率とは、資本や内部留保といった生命保険会社のお金（＝誰かに返すことが義務とされていないお金）が、その生命保険会社が保有しているリスクに対してどの程度積まれているのかを表す比率です。

図表5　　生命保険会社の財務の健全性を確保する3つの柱

標準責任準備金制度　　　　　　　　➡　通常発生するリスクへの対応

ソルベンシー・マージン比率規制　➡　通常を超えるリスク発生への対応

保険計理人による確認　　　　　　　➡　責任準備金の十分性や経営の継続
　　　　　　　　　　　　　　　　　　　可能性等の確認

ソルベンシー・マージン比率は「通常を超える」水準の事象が起こったとき
に、対応できるお金がどの程度あるのかの割合を示すものです。

　保険計理人とは生命保険会社が配置すべき保険数理の専門家で、生命保険
会社の保険料の計算をはじめとする数理計算の適切さを確認することを通じ
て、財務の健全性を担保します。3つを整理すると図表5のようになりま
す。

　最初に標準責任準備金の説明をしますが、責任準備金制度を理解するには
まず、生命保険の保険料がどう設計されているかについての理解が必要で
す。そこで、まず保険料の算出方法から説明します。

2　自然保険料と平準保険料

　自然保険料とは、年齢別の死亡率に基づいて、1年ごとに収支がバランス
するように計算した保険料をいいます。30歳なら30歳の死亡率、60歳なら60
歳の死亡率に基づいて保険料を計算するものです。

　一般には、死亡率は年齢とともに上昇しますから、自然保険料も死亡率に
伴って高くなっていきます。30歳の保険料より60歳の保険料のほうが高くな
ります。このため、契約者が高年齢になれば保険料の負担が大きくなり、契
約を続けることが困難になっていくというデメリットがあります。

　平準保険料とは、高年齢になっても契約を続けられるように、毎回同一金
額の保険料を払い込み、契約のはじまりからおわりまでの保険期間全体で、
収支のバランスがとれるように計算した保険料です（図表6）。

図表6　自然保険料と平準保険料

図表7　責任準備金の積立てと取崩し

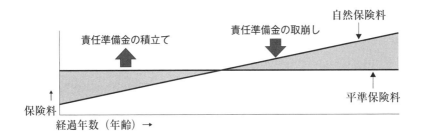

　今日では、生命保険会社では、ほとんどの生命保険商品が平準保険料となっています。

　この平準保険料方式をとったときには、払い込まれた保険料のうち、その年の死亡保険金の支払いに充てられなかった保険料は、将来の保険金支払いのために積み立てられます。この金額の累積額が責任準備金となります（図表7）。保険期間の後半には、高くなる自然保険料と平準保険料との差額を取り崩していきます。

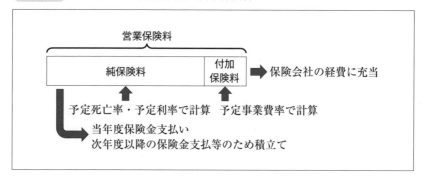

図表８　純保険料と付加保険料、営業保険料

３　純保険料と付加保険料

　実際の保険料は、保険金支払いに充当される部分と、生命保険会社のコストを賄う部分からなっています。払い込まれる保険料のうち、当年度または次年度以降に保険金支払いに充当される部分の保険料を、純保険料と呼びます。この純保険料は、死亡保険においては、一般に予定死亡率と予定利率から計算されます。予定死亡率は、被保険者が何歳でどの程度の人数が死亡するかを想定した率です。

　また、次年度以降の保険金支払いのために積み立てた積立金は、生命保険会社が運用する一定の利回りを見込んで、その分の保険料を安くします。この利回りのことを予定利率といいます。

　付加保険料は、生命保険会社の経費に充てられる部分の保険料で、経費がどの程度かかるかを想定した予定事業費率から計算されます。

　純保険料と付加保険料を足したものが営業保険料となり、実際に保険料契約者が支払う保険料になります（図表８）。

４　責任準備金の積立て

　上記で説明したように、保険期間の前半では支払われた保険料から一定の部分が積み立てられます。保険料から積み立てていくお金のことを責任準備金と呼びますが、責任準備金の積立水準は、以下の２つの要素によって決ま

ります。

> ①　積立方式
> ②　計算基礎率

（1）　積立方式

まず、積立方式ですが、大きくはチルメル式と純保険料式の２種類があります。

なぜ２つの方式があるかですが、毎回の保険料のうちで、生命保険会社の経費に充当する付加保険料は保険料払込期間を通じて同一金額です。他方で、生命保険契約に係る経費は、新契約の手続や募集人の報酬など保険契約締結初年度に多くかかります。

つまり、初年度の付加保険料では賄いきれない経費が、生命保険会社に発生します。ところが、純保険料部分は当年度の保険金支払いのほかは、次年度以降の保険金支払いのためなどに積み立てておく必要があります。そのため、初年度の保険料ではどうしても足りない部分が発生します（**図表９**）。

契約の初年度に、必要な経費部分をほかの財源から調達して、責任準備金を、保険料を計算したときのルールどおりに積み立てる方式を純保険料式といいます。

他方、初年度の純保険料の中から、当初必要な経費部分に転用することで、その分の責任準備金を少なくする方式をチルメル式といいます。

チルメル式では、当初はルールより少なく積んでいる積立金の不足部分

図表９　積立金および初年度にかかる経費と保険料の関係（イメージ）

当年度保険金支払いと次年度以降の保険金支払等のために積み立てる金額	初年度の経費

純保険料	付加保険料	足りない部分発生

図表10　　純保険料式とチルメル式の責任準備金（平準払養老保険の例）

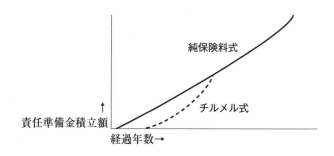

を、5年や10年などという期間で、付加保険料部分から積み立てていくことにより解消します（**図表10**）。

　5年で解消するものを5年チルメル、10年で解消するものを10年チルメルといいます。

(2)　計算基礎率

　次に、計算基礎率ですが、上記の保険料算定のところで説明した予定利率と予定死亡率をもとに、今どの程度の責任準備金を積まなければいけないかを計算します。予定利率が高いとき、また予定死亡率が低いときは、責任準備金は少なくて済みます。逆に予定利率が低いとき、あるいは予定死亡率が高いときは責任準備金を多く積まなければなりません。

　そして、1995年改正保険業法において「標準責任準備金制度」が導入されました。この標準責任準備金制度により、①責任準備金の積立方式、および②計算基礎率は、行政の定めるルールにのっとって積まなければならないことになりました。

　つまり、標準責任準備金とは、保険会社が設定する保険料水準にかかわらず、規制当局が保険会社の健全性の維持、保険契約者の保護の観点から定める標準とする水準を積み立てなければならないとするものです。

　積立方式は原則として、平準純保険料式とされています。ただし、設立後

間もない会社などでは5年チルメル式を採用することが認められています。

　もう1つの計算基礎率は、契約が締結された時期によって異なります。

　予定死亡率は、原則として、1996年4月以降契約について1996年生保標準生命表、2007年4月以降契約について2007年生保標準生命表、2018年4月以降契約について2018年生保標準生命表を利用することとなっています。

　標準利率は、1996年4月以降の契約について2.75％、1999年4月以降の契約について2.0％、2001年4月以降の契約について1.5％、2013年4月以降の契約について1.0％、2017年4月以降の契約について0.25％にまで引き下げられました。また、直近では2020年4月に一時払終身保険について0％に引き下げられました。

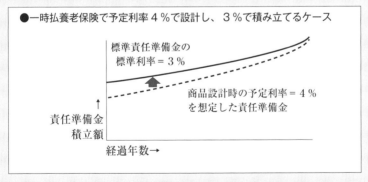

保険料の予定基礎率と責任準備金の予定基礎率　Column 22

　図をご覧ください。これは標準責任準備金の予定利率（これを標準利率といいます）が仮に3％であったときに、一時払養老保険の保険料を予定利率4％として設計して販売を行ったときの責任準備金の積立度合いを表したものです。

●一時払養老保険で予定利率4％で設計し、3％で積み立てるケース

標準責任準備金の
標準利率＝3％

商品設計時の予定利率＝4％
を想定した責任準備金

責任準備金
積立額

経過年数→

　この商品設計では予定利率4％ですので、点線のとおりに積み立てていく前提での保険料しか支払ってもらっていません（予定利率が高い→保険契約者からの保険料は少ない）。しかし、標準責任準備金の標準利率は3％なので、図の実線のように、点線によりも多く積むことが求められます。

　言い換えますと、商品の予定利率が高いということは、将来に向かって高水準で運用できるはずであることが前提ですので、積み立てる責任準備金はその分少なくてよく、そして、保険料はその分安くできます。

　しかし、この図のように標準責任準備金の標準利率が低い場合は、安かった保険料を十二分に運用して、どうにかして標準責任準備金額になるまで積まなければなりません。予定した運用成果が出ず、標準責任準備金額に足りなければ、どこかから財源を確保してきて積み立てる必要があります。

　つまり、標準責任準備金の標準利率よりも高い利率を付して保険料を設定することは可能ですが、高水準の運用ができなければ経営上大きな問題を生じさせることになります。

基礎利益と配当　Column 23

　ここまで述べてきたように保険料は予定利率、予定死亡率、予定事業費率などから計算され、将来の保険金支払いに備えて責任準備金として積み立てられます。

　そして、たとえば運用が好調で予定利率を超える収益（利差益といいます）があったり、死亡が予定死亡率ほどには生じなかったり（死差益といいます）、あるいは保険会社の事業費が予定事業費率ほどはかからなかったりして（費差益といいます）必要な準備金を積んでもなお、剰余金が出ることがあります。

　詳細は省略しますが、これらの剰余金等を足したものを基礎利益といいます。基礎利益は一般の事業会社の営業利益に近い概念です。基礎利

益にはキャピタル損益（株式などの評価益や評価損）が含まれないので、純粋な生命保険会社の収益を表すものとして、生命保険会社の業績評価に使われます。

　剰余金が出た場合において、契約者（社員）配当の付く有配当保険では、保険契約者に対して配当がなされます。

　なお、バブル崩壊以降、生命保険会社各社はバブル時に約束した高予定利率を付した契約の責任準備金の運用に苦しみました。予定利率を上回る運用収益を上げられず、運用損益がマイナスになること（これを利差損が出るといいます）を逆ザヤといいます。

　昨今では、バブル時の契約が消滅するとともに逆ザヤ問題はほぼ解消されたものと思われます。

5　ソルベンシー・マージン比率

　ソルベンシー・マージン（solvency margin）比率とは、大規模な災害が発生したときや金融市場が暴落したときなどに、生命保険会社がどれだけ耐えられるかといった支払余力を測る指標です。

　通常のリスクに対応するのが標準責任準備金とされている一方で、ソルベンシー・マージン比率は、通常を超えるリスクが発生した場合における対応力を確保するためのものです。

　たとえば銀行では総資産額に対する自己資本の割合を自己資本比率として、業務の範囲により一定の割合を満たすように規制がされていますが、その保険版といってよいかと思います。

　ソルベンシー・マージン比率の算定式は次頁図表11のとおりです。

　ソルベンシー・マージン比率は簡単にいえば、リスクをカバーするための生命保険会社自身のお金が、リスクに対してどの程度あるかの比率を計算したものです。

　分母となるリスクには、保険リスク、予定利率リスク、資産運用リスク、経営管理リスクなどがあり、それぞれ一定の算式でリスクの量が計算されま

図表11　ソルベンシー・マージン比率

$$200\% \leqq \frac{\text{支払余力}}{\text{リスク量} \times 1/2}$$

す。これらリスク量の合計を必要資本要件といいます。

　分子となる支払余力は、生命保険会社の資産から負債を差し引いた純資産から、利益剰余金処分額などを差し引いたものに、価格変動準備金など生命保険会社独自の準備金などを加算して算出されます。この支払余力が必要資本要件に比較してどの程度積まれているかをみる指標が、ソルベンシー・マージン比率です。

　図表11の式をみると、リスク量である分母に1／2が掛けられており（つまり余力である分子が2倍になる）、ソルベンシー・マージン比率が200％を超えていれば、通常を超えるリスク発生時も生命保険会社の自己資金で十分カバーできることと考えられます。

　ソルベンシー・マージン比率が一定水準を割った場合には、監督当局が経営改善を求める制度である早期警戒制度の対象となります。

　200％を割った場合には監督当局から、収益性の改善や各種のリスクへの対処方法等についての改善を求める業務改善命令が出されます。100％を割るとさらに厳しい改善命令が発出され、0％を割ると業務停止が命じられることとなります。

　なお、2025年には現在の規制を改定し、経済価値ベースのソルベンシー・マージン比率規制が導入される予定となっています。経済価値ベースのソルベンシー・マージン比率規制では、生命保険会社の資産・負債両方について、評価時点での金利水準などその時点で計測できる数値をもとに再評価を行ったうえで、その比率が計算されることになります。

6　保険計理人

保険料を算定する、あるいは責任準備金を算定するといった保険数理は、保険会社にとって非常に重要な業務です。そのため、保険業法では、「保険会社は保険計理人を選任し、保険料の算出方法や責任準備金の算出方法などの保険数理に関することに関与させる」こととされています。保険計理人の職務は、以下の①から③についての確認を行い、その結果を記載した意見書を取締役会に提出することです。

> ①　保険会社の健全性の観点から将来の保険金支払いのために十分な責任準備金が積み立てられていること
> ②　契約者配当や剰余金の分配が公正かつ衡平に行われていること
> ③　保険会社の業務継続可能性

保険計理人には、日本アクチュアリー会の正会員となり、かつ保険会社で保険数理に関する業務に5年以上従事する等の条件を満たす必要があり、専門知識のほか豊富な業務経験が求められます。

アクチュアリー　Column 24

アクチュアリーとは公益社団法人日本アクチュアリー会の正会員のことを指します。アクチュアリーが生まれたのは、英国において、加入者の年齢や加入年数によって、保険料を定める方式の保険が生まれたときにさかのぼります。このような保険を設計するには、確率論や統計学を基礎として、保険料や積立金を計算する必要があります。この計算に携わった人たちがアクチュアリーのはじまりです。

現在、日本でアクチュアリーになるには、基礎科目5科目と、専門科目2科目（生保コース、損保コース、年金コースのいずれか）の試験に合格する必要があります。試験は年1回であり、生命保険会社に勤めながら試験を受けるのが通常です。なかには、大学在学中から試験を受け

始める人もいます。

　アクチュアリーは生命保険商品の設計を行う業務や、生命保険会社の計理に携わる業務だけではなく、企画や法人営業など幅広い場で活躍をしています。理系の大学生で保険業界を目指す人は、アクチュアリーを選択肢に入れることも検討してよいでしょう。

7　ERM

　昨今、全社的リスク管理、あるいは統合的リスク管理と呼ばれるリスク管理態勢（Enterprise Risk Management：ERM）の整備が、生命保険会社に求められるようになりました。

　これまでのリスク管理は、リスクの回避、抑制という視点から行われていましたが、ERM の考えでは、一定のリスクを積極的に取っていく方針に基づいて、企業価値の拡大を目指すというものとなりました。つまり、ERM ではリスクは単に回避や抑制すべきものではなく、リターンを得るために、自己資本を踏まえて、バランスよく取るものとされています（**図表12**）。

　ERM では、リスク管理と経営戦略は一体化のものとして策定されます。また、内部統制やコーポレートガバナンスあるいは日常的な業務執行方針

図表12　ERM の概念図

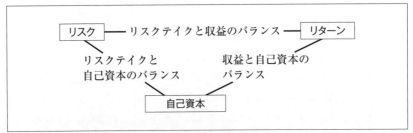

出典：金融庁（平成26年9月15日）「保険会社におけるリスクとソルベンシーの自己評価に関する報告書（ORSA レポート）及び統合的リスク管理（ERM）態勢ヒアリングに基づく ERM 評価の結果概要について」より抜粋。

も、リスク管理方針に基づいて策定されます。役職員による日々の業務決定・執行については、それぞれがリスクを管理する人として、取り組むことが求められます。

　リスクは見える化され、リスクの発生状況についての報告が求められます。

　具体的な ERM の要素として、金融庁が定める「保険解釈向けの総合的な監督指針」には次のようなものが挙げられています。

> **統合リスク管理（ERM）の要素**
> ・リスクの特定およびリスクプロファイル
> ・業務継続態勢
> ・リスクの測定
> ・資産負債の総合的な管理
> ・リスク管理方針の制定
> ・保険引受リスク管理態勢
> ・リスクとソルベンシーの自己評価
> ・再保険に関するリスク管理
> ・グループベースの統合リスク管理
> ・流動性リスク管理態勢
> ・報告態勢
> ・オペレーショナル・リスク管理態勢

Ⅳ　保険引受業務

本項では生命保険会社本体事業の大きな柱の１つである保険引受業務について解説をします。保険引受の商品開発、引受、保全、保険金支払いといった業務を説明します。

1　保険の企画・設計

(1)　保険商品の設計の基礎となる法則・原則

第１章Ⅲで解説しましたが、生命保険商品は「大数の法則」、「収支相当の原則」、「給付反対給付均等の原則」に基づいています。簡単に振り返ります。

まず、大数の法則です。これはサイコロを十分多くの回数を振ると、それぞれの目が出る確率が６分の１に限りなく近くなっていくことで説明されます。人の生死についても同様で、多くの同じ年齢の人を集めてくると、そのうち何人が１年間の間に死亡するかが確率的にわかります。このことを調べたのが生命表（死亡表）です。性別ごと特定の年齢の死亡率は生命表をみればわかります。

保険金を支払うのに必要な保険料をどう決めるかですが、これは収支相当の原則で定められます。つまり、生命保険会社が支払うべき保険金の総額と同額となるように、払込保険料を定めることをいいます。

最後に、保険契約者個人がどの程度保険料を支払うかですが、給付反対給付均等の原則に従います。つまり、保険契約者（生命保険では被保険者）のリスク度合いに応じた保険料を徴収すべきとするものです。

(2)　計算基礎率・保険料および責任準備金算定方法書

前記Ⅲで触れたとおり、生命保険契約では予定利率と予定死亡率によって計算される純保険料と、予定事業費率によって計算される付加保険料を合算した営業保険料を、保険契約者が支払います。なお、解約返戻金を低く抑え

た低解約返戻金型の商品などでは、純保険料を計算するにあたって、予定解約率も計算することがあります。

　この純保険料の計算と責任準備金の積方については、算定を行うときと変更を行うときには内閣総理大臣の認可を受ける必要があります。

(3)　普通保険約款

　第2章でも触れましたが、生命保険会社と保険契約者の間の約束事を記載した書類を約款、正式には普通保険約款といいます。約款の主な条項としては、どのような場合に保険金が支払われるのか、いつから保障責任を負うのか、保険料はどのように支払うのか、保険料が支払われない場合にどうなるのか、死亡など保険金支払事由が発生したときはどのように請求するのか、保険金が支払われない場合はどのようなときか、などが書かれています。

　約款は認可を得る必要があります。また第3章で述べたように、保険契約申込前に保険契約者に交付される必要があります。

(4)　事業方法書

　保険契約の具体的な取扱方法、たとえば何歳から何歳まで加入できるとするかなどの業務の方法については、事業方法書と呼ばれる法定書類を作成して認可を受ける必要があります。加入可能年齢のほか、被保険者同意の取得の方法、解約返戻金の算定や開示の方法などが記載されます。

　これを変更する場合も同様に認可が必要です。

基礎書類　　　　　　　　　Column 25

　本文に述べたように、日本の保険監督においては、生命保険会社の事業の内容に踏み込んで監督を行うことが行われています。その1つが基礎書類の認可です。基礎書類とは、以下の4種類です。

① 保険会社の定款

② 事業方法書

③ 普通保険約款

④ 保険料および責任準備金の算出方法書

　定款は生命保険会社の最も基礎となる書類で、会社の目的や組織構成などを定めたものです。会社設立にあたって登記することが必要となるものです。そのほかは、本文で説明したとおりです。これらの書類を作成したときと変更するときには内閣総理大臣の認可が必要となります。

(5)　保険の企画・開発のまとめ

　保険商品を開発するにあたっては、他の事業と同様に、開発しようとする商品のニーズがどの程度あるかなどの市場調査を行います。商品を販売するにはコストがかかるので、そのコストをカバーして、なおかつ適切な利益を生むものかどうかの判断が必要になります。そして、どのような顧客層をターゲットとするか、どのようにマーケティングしてか、市場環境はどうか、また、他社の動向はどうかなどを詰めていきます。

　このように商品の骨格を組み上げていくのと並行して、数理的な設計、法律的な設計を行います。これらは上記で述べたように行政から認可を受ける必要があります。

　これらに加えて、保険契約の締結・保全・支払いを管理するシステム開発が必要となります。申込書や募集資料などの保険販売書類の作成も必要となります。

　また、重要なのが、保険募集人への教育です。営業職員は生命保険会社の職員ですので、各営業部や支社での教育講座などが開催されます。また、乗合代理店や銀行などへは生命保険会社の担当社員が派遣されて、乗合代理店の従業員向け教育を行うことがあります。また、代理店等の教育担当の従業員が生命保険会社から情報を受けて、自社の従業員向け教育を行うこともあ

ります。

　このように、新規保険商品が販売されるまでは、部門をまたいだ横断的な仕事が行われることになります。

2　新規保険の引受業務

(1)　危険選択

　生命保険は申し込めば、誰もが契約できるものではありません。生命保険は同じようなリスクを有する人をたくさん集めてきて、年齢や健康状態などその人のリスクの程度に応じた保険料を受け取って保障を提供するものです。

　病歴があるなどして、健康な人よりもリスクの高い人は、特別保険料といって、健康な人の保険料よりも加算された保険料で保障を受けられることがあります。また、体の特定の部位の病気があるなどの人では、その部分のみを保障の対象としないことで保険を引き受けることもあります。さらに入院中であったり、直前にがんの治療を行ったりしていて、リスクが高すぎる場合は、生命保険の申込みを断る（謝絶）ことになります。

　健康状態や職業など保険契約者・被保険者のリスクを判断して引受可否等を判定することを危険選択といいます。これは、**第１章Ⅲ**で述べた給付反対給付均等の原則から導き出されるものです。

　なお、**第２章Ⅱ**で解説したとおり、健康診断で病気が発見されるなどリスクの高い人が、生命保険に入ろうとする行為を逆選択、あるいはモラルリスクと呼びます。このようなモラルリスク防止を含めた危険選択のため、生命保険会社は引受査定業務を行っています。

遺伝子情報の取扱い　Column 26

　最近では、唾液を送るだけで遺伝子情報を分析してもらえるサービスなどが開始され、希望があれば自分が将来かかりやすい病気を事前に知ることがある程度可能になってきています。

　このような遺伝子情報を保険契約者や被保険者が持っているときに、生命保険会社がそれについて告知を求められるかどうかが課題となっています。

　自分が特定の病気にかかりやすいと知っていて、生命保険に加入することは逆選択の１つではないかとの考えがあり得ます。他方で、遺伝子情報は差別につながりかねない機微に触れる情報でもあります。

　海外では遺伝子情報の利用を禁止するところや、限定的な場合に限って告知を求めることを認めるところなどがあります。

　現在、日本の生命保険会社は遺伝子情報についての告知を求めてはいませんが、遺伝子情報を取得することが一般化した場合にどうするのかの検討が今後必要になってくると思われます。

⑵　告知の取得

　危険選択の中心となるのが、被保険者から取得する告知です。すでに**第２章Ⅱ**で説明してありますので、詳細はそちらをご参照ください。告知は保険会社が質問した重要事項について、被保険者が正確に回答することが求められるものです。

　被保険者が告知すべき事項をわざと、あるいは少し考えれば告知すべき事項であるとわかりながら、告知しなかった場合には保険契約が保険会社から契約解除されます。また、告知しなかった事項と同じ理由で死亡した場合には、保険金は支払われません。

⑶　危険判定

　生命保険会社が告知書等の書類の内容を確認して、たとえば被保険者の危険度合いをスコア化するなどして引受の可否・条件を判定します。

　条件付きになった場合は、会社が付けた条件どおりの契約がそのまま成立するのではなく、保険契約者による条件への同意が必要になります。告知に該当事項があったとしても、必ずしも条件付きあるいは謝絶となるわけでは

なく、危険度合いが低い場合は無条件での引受、あるいは追加で健康状態の確認をすることで無条件となる場合もあります。

⑷　引受の決定

　生命保険会社で査定の結果、引受ができると判断した場合、また条件付決定で保険契約者が条件に同意したときには、生命保険会社の社内決定として、引受決定を行います。引受決定を行った場合は、承諾通知や保険証券を保険契約者に送付します。

　ところで、いつから生命保険会社は責任を負うのでしょうか。たとえば申込書と告知書を送付した後、生命保険会社が承諾する前に、被保険者が死亡した場合はどうでしょうか。

　従来は、保険契約申込書、告知書、第1回保険料相当額の3つを生命保険会社がすでに受け取っていて、その申込みを生命保険会社が承諾できるものであって、承諾前に死亡など保険支払事由が発生した場合には、生命保険会社が保険金を支払うものとしていました。したがって、たとえば、健康な人が申し込み、告知し、第1回保険料相当額の支払後に、自動車事故で死亡した場合には、死亡保険金が支払われます。

　昨今は、キャッシュレスの進展とともに、生命保険会社が保険契約申込書と告知書を受け取っていた場合であって、承諾できるものであったときは、第1回保険料相当額がいまだ振り替えられていなくても、生命保険会社は保険金を支払うこととされていることもあります（次頁図表13）。

3　保険契約継続中の保険会社の業務

⑴　保険料の収納管理

　保険契約成立後の生命保険会社の業務として最も重要なのは、保険料収納業務です。保険料が支払われることにより、保険契約が有効に継続します。有効に継続中という意味は、生命保険であれば、継続中に死亡事故が起こった場合には保険金が支払われるということです。

図表13　責任開始（通常考えられるケース）

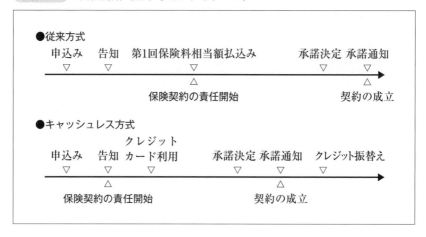

　昨今では、貯蓄性商品では一時払いが、保障性商品では保険料の月払方式が多いようです。月払方式では毎月、保険料が支払われる必要があります。一般的な生命保険会社の実務では、保険契約者から保険料が支払われない場合は、定められた猶予期間経過後にその保険契約は効力を失います。このことを失効といいます。

　月払いの生命保険では当月分の保険料を支払われず、その翌月いっぱいたっても保険料の納入がない場合は、保険契約は失効します。生命保険会社からお支払いの知らせと、支払いがない場合には死亡など保険金事由が失効後に発生した場合であっても、保険金は支払われないことを通知しています。

　ただし、一般的には契約失効後、一定期間（３年など）の間に復活の請求書と、失効していた間の保険料を生命保険会社に提出すれば、もとの契約を復活させることができます。もとの生命保険契約は若い年齢の時に加入したため、新契約を別途加入するよりも復活制度を使うほうが有利なケースがあります。

　注意すべきことは、復活時に再度告知を行う必要があり、失効期間中に入

院をしていたような場合は、復活の取扱いは生命保険会社から拒絶されることがあることです。

自動振替貸付　　　　　　　　　　　　　Column 27

　保険契約がすでに長期にわたって継続していて、積み立てられた金額が十分あるときには、保険料が支払われなかった場合であっても、その積立金を原資にして自動的に保険料を貸し付ける制度があります。これを自動振替貸付といいます。

　保険契約者の一時的な資金不足などで保障が切れることを防ぐための制度です。貸付金なので、あらかじめ約款で定められた利息がつきます。いつでも貸付金を返すことができます。他方、振替期間が長くなり、振り替えることのできるお金の上限に達すると契約は失効します。

　なお、最近では自動振替貸付を行わない生命保険会社もあり、商品によっては取り扱っていないものもあります。

---

(2)　契約者貸付

　保険契約者が、保険契約の加入中に資金が必要となることがあります。貯蓄性のある保険契約では途中解約することで、解約返戻金を支払ってもらうことができます。しかし、保険契約を解約してしまっては、保障も失われてしまいます。資金に余裕が戻ったときに再度保険に加入しようと思っても、健康状態が悪化していて加入できないことも考えられます。また、加入年齢が上がるので、保険料は以前の契約に比べて上昇するのが通常です。

　そこで、生命保険会社では、貯蓄性のある保険契約のうち一定のものについて、保険料の積立部分を担保として、保険契約者に貸付けを行います。この契約者貸付により、保険契約者は保障を失わずに必要な資金を得ることができます。

　契約者貸付には金利が付きます。随時、貸付金元本および利息を返還でき

ますが、保険金が支払われるときには、貸付金・利息を差し引いて保険金が支払われます。

(3)　ご契約内容確認活動

　生命保険会社の大切な活動となっているのが、毎年のご契約内容確認活動です。これは営業職員などが、顧客宅を訪問して、現在加入中の保険契約の内容を再度説明するとともに、過去1年の間に、入院や手術など保険金や給付金が発生していないかどうかを確認します。

　保険契約者は今加入している保険契約の内容を再度認識できる機会であるため、もし足りない保障があった場合や重複している保障などがあった場合に契約変更の手続を行うことができます。

支払問題　　Column 28

　ご契約内容確認活動は、生命保険業界に支払問題が発生したことを契機として行われるようになりました。それまでも定期的に既存顧客への訪問は行っていました。現在は、契約内容の再確認や保険金が支払われる入院や手術などがあったかどうか確認することを、重要な活動と位置付けています。

　支払問題は当初、請求があっても約款の規定を盾に、保険金支払いを行わないとすることに行きすぎがあったことにありました。しかし、調査を進めると、請求のあった給付金とは別に給付事由があり（たとえば入院給付金請求書の添付書類である診断書に手術名が記載してあり、手術給付金が支払可能であるようなケース）、そのことが診断書に書いてあったにもかかわらず、支払いを行っていなかったなどの事由が判明しました。

　請求のない保険金は支払いができないことはやむを得ませんが、診断書で確認できるような場合に、請求を促すこと自体は可能です。このような問題があったことが、この活動の背景にあります。

---

(4) 解　　約

　保険契約者が保険契約はもう必要がない、あるいは継続することができないと考えた場合は、いつでも解約することができます。月払いの保険では保険料は解約した月の末までの分が徴収されます。言い換えると当月分をもう支払っている場合は、当月の残りの期間に相当する保険料分は返ってきません。

　積立部分のある保険契約では、解約返戻金が支払われます。保険契約では死亡保障等を行っているため、解約返戻金額はこれまで支払ってきた保険料の合計額を下回ることが通常です。また、解約によってそれ以降の保障がなくなります。そのため、生命保険会社としては、たとえば保険金額を減額し、保険料を減らすことや、一時的な資金の必要であれば契約者貸付を行うことで保険契約を継続できないかなどの相談を受け付けます。

　留意しなければならないのは、変額年金保険などです。これら商品では、年金保険料支払終了時まで継続した場合には、年金の合計額が保険料の合計額を下回らないなどの最低保証がついていることを訴求ポイントとしているものがあります。このような商品であっても、中途解約では最低保証がなく、相場下落時には払込保険料を大きく下回ることがあります。

4　保険金支払業務

(1) 保険金の請求対応

　たとえば死亡保険金の請求を行うには、会社所定の請求書に被保険者の死亡診断書・住民票、保険金受取人の戸籍抄本などが必要となります。通常の死亡保険では、死亡という事実があるだけで保険金は支払われます。ただし、支払いを行わない事由がある場合は、生命保険会社が調査のうえで支払いを拒絶します。この調査および支払いの可否決定を行うことを支払査定といいます。

　支払わない事由の1つは加入時に告知義務違反があり、告知しなかった事項や不正確に告知された事項と死亡原因に関係がある場合には、保険金は支

払われません。また、被保険者が加入後 3 年以内に自殺した場合や重大事由があった場合なども保険金は支払われません。これらの点については、**第 2 章Ⅱ**で説明していますので、そちらをご覧ください。

(2)　支払期限

保険金の支払期限は、調査を必要としない場合には、保険金請求書を会社が受け取ってから、5 営業日以内に支払うとされていることが通常です。また、約款では、告知義務違反や重大事由解除など支払いを行ってよい場合かどうか調査を要する場合でも、原則として45日間以内に支払うこととされています。

約款では、さらに被保険者の死亡が刑事事件として捜査されているような場合では、180日間以内に支払うこととされています。

原則として、支払期限を超えて保険金が支払われる場合に、保険金には遅延利息が付されて支払われます。

Ⅴ 資産運用体制

生命保険会社事業のうち、保険引受業ともう1つの柱となるのが資産運用です。本項では資産運用体制について解説を行います。

1 資産運用業務はなぜ必要か

前述したとおり、平準保険料方式をとる現代の生命保険会社においては、将来の保険金支払いに備えて、責任準備金を積み立てる必要があります。そして、この責任準備金を構成する資産が一定の利率で運用されることを前提として、保険料が定められています。そのため、予定した利率で資産運用できなければ、将来の保険金を支払うことができなくなります。

また、運用が良好であった場合に配当を出す、いわゆる有配当保険においては、運用が予定利率以上であれば、保険契約者に配当により還元することができます（図表14）。

これらの理由から資産運用が行われます。

2 保険会社の運用スタンス

生命保険会社の資産運用は安全性、収益性、流動性、公益性を勘案して行われます。生命保険会社の資産運用は、将来の保険金支払いのために行われ

図表14　保険会社の資産運用

175

ます。そのため不相当にリスクの高い投資は行ってはなりません。しかし、十分な運用益を出すために、預金においておくだけというのでは問題があり、収益性を確保する必要があります。また、保険金請求に備えて、現預金や短期に満期を迎える資産などで運用する部分も確保し、流動性も満たさなければなりません。

　最後に公益性であり、社会や産業振興に貢献することが期待されています。この点に関しては昨今ではESG投資という考え方が現れてきました。ESG投資については第5章Ⅱで述べます。

3　投資運用体制

　生命保険会社の運用資産構成のことをポートフォリオといいます。投資を行う際には、負債、つまり責任準備金の特性に照らして、リスクやリターンを考慮し、どのように投資を行うかを決めます。リターンとはその投資対象に投資した場合の利息や配当、投資対象の価格の上昇などで得られる利益のことをいいます。本書の最初で述べましたが、リスクとは期待されるリターンが、増減することをいいます。期待した以上のリターンがあることもリスクですが、主には期待したリターンが得られないこともリスクです（**図表15：第1章図表1を再掲**）。

　一般論としていえば、リターンもリスクも少ない投資先としては預貯金や

図表15　投資商品のリスクとリターン（再掲）

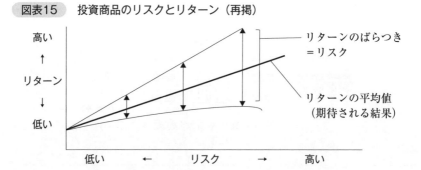

国債などが挙げられます。同じく一般論として、リターンが高く、リスクも高いのが外国株式などです。

　生命保険会社では毎年の保険料収入と保険金や事業費の支出を勘案して、どのような投資を行うかを決めます。資産分配を行う部署や役員会において資産別の投資額や投資期間などが定められます。そのうえで投資資産ごとの担当部署が、○○会社の株式や△△会社の社債など具体的な投資先と投資額などを決めます。

アセット・ライアビリティ・マネジメント（ALM）　Column 29

　生命保険会社の運用戦略の基礎となる考え方の1つがALMです。これは負債サイドの特性を踏まえて、それに合致する投資期間やリターンを目標として資産運用を行うものです。

　生命保険会社における負債とは生命保険契約の積立金、つまり責任準備金をいいます。この責任準備金に含まれる生命保険契約には予定利率が定められており、また期間も定まっています。この予定利率と期間を合致するように資産を運用することを目指します（図）。

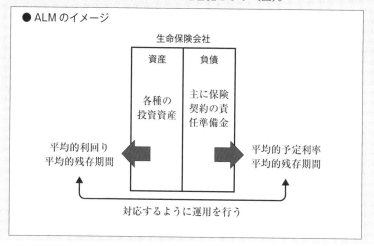

● ALMのイメージ

生命保険会社

資産	負債
各種の投資資産	主に保険契約の責任準備金

平均的利回り　平均的残存期間　←　→　平均的予定利率　平均的残存期間

対応するように運用を行う

　ただ、生命保険契約には終身保険契約など残存期間が長いものがあり、また、過去の契約には高い予定利率のものもあり、一言に ALM といっても、その実行は簡単ではありません。

4　運用審査体制

　運用の社内体制は実際に投資を決定する部門（フロントオフィス）、売買や管理事務を行う部門（バックオフィス）があります。そのほかに投資リスクを管理する部門（ミドルオフィス）が設けられます。

　ミドルオフィスでは投資先の信用リスク（投資先が利払いできなくなるリスク等）や市場リスク（株価が下落するリスク等）を審査します。

　融資であれば、会社の財務状況を審査し、融資の返済可能性を判断します。融資を行うにあたっての信用力の審査と、株式・社債等の市場性の投資商品の投資適格性審査とは別の部署で行われます。これは融資部門が融資先の内部情報に触れる可能性があるためで、一定の非公表の内部情報に基づいて株式などの市場資産を売買することは金融商品取引法で禁止されています。

5　一般勘定と特別勘定

　生命保険会社が契約者から預かった資産の運用区分として、一般勘定と特別勘定があります。一般勘定は、一般的な保険商品全般の資産を対象とします。一般勘定は、一定の予定利率を契約者に保証している保険商品の資産を運用する勘定です。

　もう1つの特別勘定は、運用実績に応じて、支払われる保険金や解約返戻金などの金額が変動する保険商品の資産を運用する勘定です。

　たとえば、変額年金保険は、運用実績により受け取る年金額や解約返戻金が増減する保険で、契約者の年金原資の運用はこの特別勘定で行われます。このほか、企業年金に特別勘定特約が付されたものもその資産は特別勘定で

運用されます。

　ほとんどの変額年金保険では、特別勘定として投資信託への投資が行われ
ます。つまり、契約者が支払った保険料のうち年金の支払原資に充てられる
部分は、契約者が選択した投資信託で運用されることになります。

　一般的に、日本株に投資する投資信託、日本の債券に投資する投資信託、
海外株に投資する投資信託、海外の債券に投資する投資信託など、投資対象
の異なる投資信託が複数本用意されており、契約者はその中から自分の年金
原資を運用する投資信託を選択します。運用開始後は、経済や金融市場の動
向をみながら、自分の判断で特別勘定（投資信託）の乗換えを行うことがで
きます。

VI　投資資産

本項では生命保険会社が投資対象とする資産など資産運用の実際を説明します。

1　総　資　産

図表16は過去10年間の生命保険会社全社の総資産の推移を記載したものです。図表17は同じく各投資資産の総資産に対する割合の推移を記載したものです。なお、この表には2007年に民営化されたかんぽ生命を含んでいます。

10年間の推移をみるとこの間は2015年度を除いて、毎年度着実に総資産額を増やしています。この10年で約70兆円分増加しています。

資産の割合でいえば、有価証券が2010年度に77.3％あったものがさらに増え、2019年度には81.9％になりました。

逆に伝統的に資産運用の柱であった貸付金が13.7％あった者が7.7％まで減

図表16　生命保険会社全社の総資産と各投資資産別の残高　（単位：億円）

	現金および預貯金	コールローン	金銭の信託	有価証券	貸付金	有形固定資産	その他	総資産
2010年度	56,559	20,096	20,711	2,479,809	438,771	67,729	123,232	3,206,911
2011年度	35,155	25,093	20,144	2,575,603	421,738	66,011	125,782	3,269,538
2012年度	35,749	27,668	20,599	2,782,448	402,446	64,600	116,468	3,449,981
2013年度	44,167	26,697	24,591	2,850,317	380,992	63,199	115,860	3,505,826
2014年度	56,080	36,729	33,325	2,994,295	368,103	63,294	120,723	3,672,552
2015年度	74,584	12,809	37,013	3,005,235	349,869	62,504	129,663	3,671,678
2016年度	75,349	12,010	45,438	3,097,144	340,714	61,243	123,141	3,755,051
2017年度	80,295	15,941	55,907	3,137,466	329,731	60,929	132,478	3,812,751
2018年度	89,949	16,549	61,714	3,203,095	318,785	61,560	126,290	3,877,945
2019年度	105,322	21,087	69,991	3,218,383	301,986	61,623	148,956	3,927,350

出典：一般社団法人生命保険協会「2020年版　生命保険の動向」。

少しました。

　また、生命保険会社といえば、駅前の立派なビルというイメージがありますが、不動産を含む有形固定資産は総資産のわずか1.6％まで落ち込んでいます。

2　有価証券

　生命保険会社資産の8割を超える有価証券ですが、その内訳をみてみます。

(1)　公 社 債

　次頁図表18をみると、最も多く半分近くを占めるのが国債です。国債とは、国が発行し、利子および元本支払いを行う債券です。利子は半年に1回支払われ、元本は満期時に償還されます。ただし、割引国債だけは、額面金額を下回る価格で発行され、途中での利払いは行われず、満期時に額面金額で償還されることになります。

図表17　　生命保険会社全社の各投資資産別の総資産に対する割合
（単位：％）

	現金および預貯金	コールローン	金銭の信託	有価証券	貸付金	有形固定資産	その他	総資産
2010年度	1.8	0.6	0.6	77.3	13.7	2.1	3.8	100.0
2011年度	1.1	0.8	0.6	78.8	12.9	2.0	3.8	100.0
2012年度	1.0	0.8	0.6	80.7	11.7	1.9	3.4	100.0
2013年度	1.3	0.8	0.7	81.3	10.9	1.8	3.3	100.0
2014年度	1.5	1.0	0.9	81.5	10.0	1.7	3.3	100.0
2015年度	2.0	0.3	1.0	81.8	9.5	1.7	3.5	100.0
2016年度	2.0	0.3	1.2	82.5	9.1	1.6	3.3	100.0
2017年度	2.1	0.4	1.5	82.3	8.6	1.6	3.5	100.0
2018年度	2.3	0.4	1.6	82.6	8.2	1.6	3.3	100.0
2019年度	2.7	0.5	1.8	81.9	7.7	1.6	3.8	100.0

出典：図表16と同じ。

図表18　生命保険会社全社の有価証券の内訳 （単位：億円）

	国　　債		地　方　債		社　　債		株　　式	
	金　額	構成比	金　額	構成比	金　額	構成比	金　額	構成比
2010年度	1,323,987	53.4	119,164	4.8	252,835	10.2	162,149	6.5
2011年度	1,412,757	54.9	131,630	5.1	253,429	9.8	147,444	5.7
2012年度	1,487,692	53.5	139,346	5.0	251,551	9.0	167,256	6.0
2013年度	1,498,157	52.6	140,089	4.9	248,959	8.7	180,209	6.3
2014年度	1,487,617	49.7	138,686	5.0	248,553	9.0	226,979	8.0
2015年度	1,485,684	49.4	135,178	4.5	253,634	8.4	198,130	6.6
2016年度	1,485,538	48.0	129,821	4.2	258,242	8.3	215,146	6.9
2017年度	1,473,650	47.0	120,817	3.9	261,876	8.3	231,820	7.4
2018年度	1,482,230	46.3	109,400	3.4	271,082	8.5	217,827	6.8
2019年度	1,512,024	47.0	101,342	3.1	283,830	8.8	187,661	5.8

（単位：億円）

	外国証券		その他の証券		合　　計
	金　額	構成比	金　額	構成比	金　額
2010年度	457,384	18.4	164,288	6.6	2,479,809
2011年度	469,267	18.2	161,074	6.3	2,575,603
2012年度	559,864	20.1	176,735	6.4	2,782,448
2013年度	614,509	21.6	168,303	5.9	2,850,317
2014年度	732,804	24.5	159,754	5.3	2,994,295
2015年度	786,531	26.2	146,074	4.9	3,005,235
2016年度	851,974	27.5	156,421	5.1	3,097,144
2017年度	889,987	28.4	159,314	5.1	3,137,466
2018年度	965,262	30.1	157,290	4.9	3,203,095
2019年度	981,283	30.5	152,239	4.7	3,218,383

出典：図表16と同じ。

　ここで債券とはお金を借りるにあたって発行される証書（有価証券）で、一般には債務者（この場合は国）の承諾や債務者への通知を行わなくとも、市場で売買することができるようになっているものです。

　国債は生命保険会社の最も多い投資先ですが、投資金額は2013年度をピークにして減少傾向にあります。また有価証券内の構成比も47.0％まで低下しています。これは、日本銀行（日銀）が2013年から異次元緩和と呼ばれる金融緩和政策をとり、国債買入れを行ってきたことと関係があります。金利が下がり、投資先としての魅力度が減少するとともに、購入できる国債の量も減少したためと思われます。ちなみに日銀の国債保有高は500兆を超えてきています。

　地方債とは、地方公共団体が財政上必要とする資金を外部から調達することによって負担する債務です。地方債は原則として、公営企業（交通、ガス、水道など）の経費や建設事業費の財源を調達する場合等にのみ発行できることとなっています。

　地方債も2013年度をピークとして減少しており、直近では構成比が3.1％まで落ちています。

　国債、地方債、社債を合わせて公社債と呼びます。社債とは、企業が資金調達をするために、投資家から資金を募集し、証書（有価証券）を発行するものです。社債には返済期日や利息率が記されており、企業が投資家に対して発行する借用書の役割を果たしています。

　社債は投資金額ベースでは一時期減少傾向にありましたが、昨今増加しています。

　なお、現在、債券の発行にあたっては、物理的に証書を発行するのではなく、電子データで権利を証明し、電子データの移転をもって権利移転をしています。

⑵　株　　式

　株式とは、株式会社が、株主から資金を集めて、その代わりに発行する証

書のことです。社債と異なるのは、株主は資金を提供したことで、会社が利益を上げたときには、配当あるいは株価の上昇という形でその一部を受け取る権利をもらうというところです。債券では株式会社がどんなに利益を得ても、決められた利息と元本しか受け取れません。逆に債券では株式会社が利益を出していなくとも利息と元本は受け取ることができます。

　証券取引所は株式の売買市場（株式市場）を開設しています。この株式市場に上場することで、一般の投資家が自由に売買できるようになります。上場会社は上場時または継続的に会社の情報開示をすることが義務付けられて行います。

　生命保険会社では、上場会社に投資を行うとともに、未上場の有望な株式にも投資を行って、株式上場による利益を求めて、投資を行います。株式は10年前と比較して金額ベースで若干上昇、構成比で若干減少しています。

　ただ、2009年3月期は日経平均が7000円台でバブル崩壊後最安値を付けていたことを考えると、投資金額の増加がこの程度ということは、生命保険会社が株式に新規投資をあまりしていないということを意味します。

　ところで、株式を投資する生命保険会社を含む機関投資家にはスチュワードシップ・コードを遵守するように求められています。他方で投資先となる上場会社には、コーポレートガバナンス・コードを遵守するよう求められています。

コーポレートガバナンス・コード、スチュワードシップ・コード（「責任ある機関投資家」の原則）　Column 30

　　コーポレートガバナンス・コードとは、上場会社の経営のあり方の指針として東京証券取引所等の上場規定の中で規定されているものです。したがって適用対象は上場会社です。コーポレートガバナンス・コードは欧米等で策定されていた企業経営指針に倣い、2014年に検討が開始され、2015年6月に採択されました。直近では2018年に改訂が行われ

ています。

　コーポレートガバナンス・コードは、資金効率の高い持続的な成長を達成するため、株主をはじめとして、従業員や取引先などステークホルダーとの対話を行い、企業価値の向上に努めることを取締役・取締役会に求めています。

　その基本原則の概略は、以下のとおりです。

1. 上場会社は、株主の権利が実質的に確保されるよう適切に対応し、株主がその権利を適切に行使することができる環境を整備する。また、上場会社は、株主の実質的な平等性を確保する。少数株主や外国人株主等については、十分に配慮を行う。

2. 上場会社は、会社の持続的な成長と中長期的な企業価値の創出のため、従業員、顧客、取引先、債権者、地域社会をはじめとする様々なステークホルダーとの適切な協働に努める。取締役会・経営陣は、企業文化・風土の醸成に向けてリーダーシップを発揮する。

3. 上場会社は、会社の財政状態・経営成績等の財務情報等の非財務情報等の法令に基づく開示およびそれ以外の情報提供にも主体的に取り組む。その際、取締役会は、開示・提供される情報が株主との間で建設的な対話を行うため情報として有用性の高いものとなるようにする。

4. 上場会社の取締役会は、収益力・資本効率等の改善を図るべく、(1) 企業戦略等の大きな方向性を示す(2) 経営陣幹部による適切なリスクテイクを支える環境整備を行う(3) 独立した客観的な立場から、経営陣・取締役に対する実効性の高い監督を行う。

5. 上場会社は、株主総会の場以外においても、株主との間で建設的な対話を行う。経営陣幹部・取締役（社外取締役を含む）は、こうした対話を通じて株主の声に耳を傾け、自らの経営方針を株主にわかりやすい形で明確に説明しその理解を得る努力を行う。

　概略を説明すると、上場会社は資本の提供者である株主がその権利行使をしやすいような環境整備を行うこととされます。特に経営に声の届きにくい少数株主などの権利行使が容易にできるような環境を防止すべきとされます。他方、株主権利とのバランスを踏まえ、取引先・地域・従業員といった企業価値実現の基礎となるステークホルダー（利害関係

者）との協働を進めることとされます。さらに資本市場の信認確保や投資家保護の観点から適時適切な情報開示を行います。特にリスク、ガバナンス情報や環境問題に関する事項など非財務情報についても適切な開示が求められます。

　これらの原則を果たすべき企業活動の中心は経営陣ですが、取締役会においては、大きな経営戦略を示すとともに、経営陣に対する実効性のある監督を行うこととされています。最後に、株主との対話ですが、これは次に述べるスチュワードシップ・コードに応答している部分で、株主総会以外の場でも株主と建設的な対話を行うべきことが原則とされています。

　本章の冒頭で解説した独立社外取締役を２名以上任命すべきとするのは、この原則に記載されています。この点、規模等から適切と考える上場会社は、さらに取締役の３分の１以上を独立社外取締役とすべきとする考え方も示されています。

　なお、これらの原則は、いわゆるコンプライ・オア・エクスプレインの方式で行うこととされています。つまり、企業の規模や実情を踏まえて、適切な基本原則の適用を行い、基本原則でいわれていることを行っていない場合には、その旨と理由を説明するというものです。

　スチュワードシップ・コードは、コーポレートガバナンス・コードと対になる原則で、金融庁の有識者検討会で2014年２月に策定されました。その後、2017年５月と2020年３月に改訂されて現在に至っています。このコードの名宛人は生命保険会社を含む機関投資家であり、投資先企業をはじめとする持続可能性（サスティナビリティ）の観点から、投資先企業との建設的な対話（エンゲージメント）を行い、機関投資家への資金提供者（＝顧客）への中長期的なリターンを最大化する努力を行うために定められた原則です。機関投資家はスチュワードシップ・コードへの賛同を行うことによって、コードの記載された事項を履行すべきことになります。スチュワードシップ・コードもコンプライ・オア・エクスプレインの方式がとられています。

原則は以下のとおりです。

1. 機関投資家は、スチュワードシップ責任を果たすための明確な方針を策定し、これを公表すべきである。
2. 機関投資家は、スチュワードシップ責任を果たす上で管理すべき利益相反について、明確な方針を策定し、これを公表すべきである。
3. 機関投資家は、投資先企業の持続的成長に向けてスチュワードシップ責任を適切に果たすため、当該企業の状況を的確に把握すべきである。
4. 機関投資家は、投資先企業との建設的な「目的を持った対話」を通じて、投資先企業と認識の共有を図るとともに、問題の改善に努めるべきである。
5. 機関投資家は、議決権の行使と行使結果の公表について明確な方針を持つとともに、議決権行使の方針については、単に形式的な判断基準にとどまるのではなく、投資先企業の持続的成長に資するものとなるよう工夫すべきである。
6. 機関投資家は、議決権の行使も含め、スチュワードシップ責任をどのように果たしているのかについて、原則として、顧客・受益者に対して定期的に報告を行うべきである。
7. 機関投資家は、投資先企業の持続的成長に資するよう、投資先企業やその事業環境等に関する深い理解のほか運用戦略に応じたサスティナビリティの考慮に基づき、当該企業との対話やスチュワードシップ活動に伴う判断を適切に行うための実力を備えるべきである。
8. 機関投資家向けサービス提供者は、機関投資家がスチュワードシップ責任を果たすに当たり、適切にサービスを提供し、インベストメント・チェーン全体の機能向上に資するものとなるよう努めるべきである。

概略は以下のとおりです。

　機関投資家は、顧客へのリターンの最大化にあたって投資方針を決定することとなります。その方針に基づいて、投資先企業の事業環境等の理解やESG投資（第5章Ⅱをご覧ください）の考え方などを踏まえ、投資先企業と建設的な対話を行います。

　また、機関投資家と投資先企業との関係が、顧客との利害相反に該当する可能性がある場合には、その場合についての対象方針を公表する必要があります。

　そして、機関投資家は投資先企業の情報を把握することで問題点を摘出し、投資先業と対話して解決に努めます。また株主総会での議決権行使のための適切な方針を有する必要があります。

　さらに機関投資家は、顧客に対して、自社のスチュワードシップ責任をどのように果たしているかの説明を行うとしています。

　なお、コーポレートガバナンス・コードは2021年６月を基準とし、2022年４月に再改訂されることとなっています。

(3)　外国証券

　外国証券とは、一般には海外で保管される円貨以外の公社債・株式を指します。ドル建てやユーロ建ての債券や、米国株式、欧州株式、新興国株式などが投資対象となります。

　外国証券はこの10年間で投資金額ベースでは２倍強、構成比も２倍近くまで増加しています。

　外国証券に投資されるようになったのは、国内金利がゼロ金利政策などで投資先としては魅力的でなかった一方、海外の金利はある程度見込めたことがあります。また、日本国内ばかりの投資ではリスク分散が十分ではなく、国をまたいだ地域的なリスク分散を行う観点もありました。

　ただし、外国証券では海外の国家・企業のリスク度合いやカントリーリスク、為替リスク等を判断することが必要であり、国内投資よりも難しい面もあります。

　国内の投資環境が引き続き厳しい中で、今後とも外国証券投資の機会を的確につかむことが必要です。その観点から、昨今ではインフラ投資に焦点が当たっています。

第5章 生命保険業の最新の動き

　第5章においては、生命保険業界を取り巻く環境変化をまず確認します。

　コラムとして、認知症保険と介護保険について触れています。

　そして経営の新たな動きであるSDGs経営を説明します。

　また、新たな生命保険会社への規制手法である顧客本位原則について解説を行います。

　さらに最近のICT技術革新における生命保険業界の現状と展望を述べます。

Ⅰ　生命保険業を取り巻く環境変化

本項では、まず現状に至る生命保険業を取り巻く環境を概観します。流れとしては、①法律・規制、②経済環境、③人口構造の３点を確認します。

1　法律・規制

本項１はこれまでの内容の若干の振返りとなります。

生命保険業に関しては、1995年の改正保険業法で大幅な制度改正が行われました。ここでは保険会社の業務や財務の健全性確保の規制改革に大きな進展があると同時に、生命保険会社と損害保険会社の双方に、子会社形態における相互参入が認められました。この法改正により、損害保険会社の子生命保険会社の設立が相次ぎ、生命保険会社の数が一挙に増加することとなりました。

その後、1997年以降には、破綻生命保険会社の買収による外資の参入増加が起こります。さらに銀行窓口販売の全面解禁に伴って窓口販売商品を専門に扱う生命保険会社の設立、インターネットの普及に伴うネット専業生命保険会社の出現、法人向け生命保険会社の設立、乗合代理店向け商品を主とする生命保険会社の設立など、現時点では多種・多様な生命保険会社が存在しています。生命保険会社数は1996年までは30社でほぼ変動はありませんでしたが、現在は全部で42社となっています（2021年２月現在）。

販売チャネルという面では、1995年改正保険業法により乗合代理店が認められるようになり、2000年以降の大規模乗合代理店の拡大につながっていきます。

銀行窓口販売は2001年から段階的に解禁されてきました。2002年10月に個人年金保険の販売が解禁され、これをきっかけとして貯蓄性・投資性商品の販売で銀行が大きなプレゼンスを示すようになります。その後、2005年12月に一時払終身保険などが解禁され、２年のモニタリング期間をおいて2007年12月に全商品の販売が解禁されました。

　商品面では1995年改正保険業法では、明文で生命保険会社は生命保険に加え、第三分野商品の引受が可能とされました。しかし、日米保険協議の影響もあって、医療単品保険やがん保険などの第三分野商品は生命保険会社には認可がされませんでした。その後、2001年になり、大手生保や損保系生保への第三分野商品が解禁されることとなりました。

　注目すべき最新の法律・規制に関する動向としては、①顧客本位の業務運営による生命保険会社や保険募集人の業務品質の向上、②新しい金融サービス仲介法の制定などが挙げられます。これらについては、後記Ⅲで解説することとします。

2　経済環境

(1)　バブル景気の形成

　ここでは、令和の前の平成の時代に入ってからの経済環境を大まかに振り返ってみます（景気動向につき**図表1**）。平成期に入った平成元年、つまり1989年はバブル経済の頂点の時期で、日経平均株価は1989年末に38,957円を付けました。このバブル景気ですが、そもそものきっかけとなったのが1985年のプラザ合意と呼ばれる先進5か国間の国際合意です。この国際合意においては、ドル安方針が定められ、円高ドル安が一挙に進行しました。これを

図表1　代表的な景気動向指数（CI一致指数）による景気動向

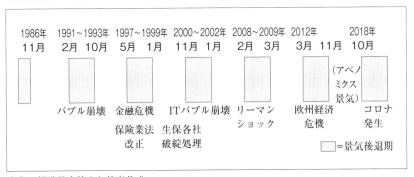

出典：報道発表等より筆者作成。

受けて日本企業は円高不況に苦しむこととなりました。

　そこで、日銀は円高不況に対して、市場にマネーを供給する低金利政策をとりました。しかし、このことにより余剰資金が市場に滞留し、また企業が業績を回復するとともに、お金が土地や株に集中し、バブルが形成されていきました。

(2)　バブル崩壊と失われた10年

　1990年の年初から株価の下落が始まりました。今では信じられないかもしれませんが、バブル時代までは土地神話が根強く、稼働していない土地であっても持っているだけで価値が上がると考えられていました。これがひっくり返ったのもバブル崩壊です。

　そこから失われた10年あるいは失われた20年というように、経済成長が停滞します。このように長期にわたり経済成長が停滞することを、最近では海外でもみられるようになり、低成長・低金利・低インフレの状態を「ジャパニゼーション」と呼ぶこともあるようです。この失われた10年（20年）では、他の先進国が一定の成長を確保し、また、アジアを中心とする新興国が大きく成長を続ける中で、日本だけがバブル崩壊の影響を引きずり、取り残される結果となりました。

　この背景には、90年代初頭から日本は人口オーナス期に入ったということもあるといわれています。オーナス（onus）とは聞きなれない言葉ですが、ボーナスの対義語で負担という意味です。人口オーナス期とは、生産年齢人口（15歳から64歳まで）が減少し、経済発展が鈍化する時期を指すものです。生産年齢人口が増える、いわゆる人口ボーナス期は自然体でも経済成長ができたかもしれませんが、人口オーナス期では何らかの経済改革（ブレークスルー）がない限り、経済が停滞してしまいます。

(3)　金融機関の経営悪化

　バブル崩壊後は、土地を担保として融資を行ってきた金融機関が、不良債

権に苦しみました。貸付先会社の経営が悪化すると同時に、担保とした土地の価格も下落しました。

　証券会社も、株を販売した先の親密企業に対して、株価が下落したことによる損失を補てんしました（当時、損失補てんは明確には違法とされてはいませんでした）。また、親密企業が抱える含み損のある株式を、別の親密企業に対して、損失補てんを約束したうえで付け替える「飛ばし」といわれる行為などを行いました。これらの行為を通じて証券会社の経営がおかしくなっていきます。

　生命保険会社も、バブル時代に販売した高予定利率の貯蓄性商品の運用に苦しみます。

⑷　金融機関の破綻と再生

　金融業界の危機的状態が続く中で、1995年に住宅専門貸付会社（住専）への公的資金の投入が行われました。住宅専門貸付会社は文字どおりであれば住宅ローン専業なのですが、銀行など金融機関の別動隊として、企業融資も行っていました。住専が破綻すると、住専に貸付けを行っている金融機関にまで影響が及ぶとして、公的資金を投入し、ソフトランディングさせました。しかし、なぜ、銀行でもない住専を救わなければならないかについて、社会的な議論が巻き起こり、本命である経営の痛んだ銀行への公的資金投入が、遅れてしまったという結果を招いたとの指摘もあります。

　1997年に四大証券の一角であった山一證券、都市銀行であった北海道拓殖銀行が破綻しました。その後、日本長期信用銀行が破綻するなどの混乱が続き、1999年になってやっと大手銀行15行に、公的資金が投入されることとなりました。

　生命保険会社も1997年に日産生命が破綻し、それから2001年まで計7社が破綻しました。生命保険会社の破綻においては、責任準備金の削減、予定利率の引下げなどを行い、それでも再建できない場合は、生命保険業界が資金を拠出する生命保険契約者保護機構（**第1章Ⅴ5をご覧ください**）から資金

援助を行いました。なお、生命保険業界では生命保険会社からの資金のみで資金援助を行い、税金を原資とする公的資金を利用したことはありません。

　このような経済の混乱の中、学生たちの就職もうまくいかず、就職氷河期世代が生まれてしまい、今まで問題を引きずっています。

⑸　金融混乱からの回復

　1990年代は金融混乱の時代でしたが、それでも2002年２月ごろより景気拡大が始まり、いざなみ景気と呼ばれるように好景気が長期化します。その後、2008年にリーマンショックの影響を受け、一時的に景気が悪化し、また2011年に東日本震災を経験しました。2012年に第二次安倍晋三政権が成立し、日銀の異次元緩和が行われた成果として長期の経済成長が続きます。

　そして、執筆時点では新型コロナウイルス感染症による世界経済全体の停滞が発生しています。2020年４月から５月および2021年１月から３月に出された緊急事態宣言により経済状態が悪化しました。新型コロナは世界的な感染の広がりをみせ、観光業や貿易に大きなインパクトを与えました。緊急事態宣言解除以降はウイズコロナ、アフターコロナといわれ、ソーシャルディスタンスを確保したうえでの経済活動の再開が行われています。

３　人口構成の変化
⑴　年齢別人口推移

　日本の人口は第二次大戦終戦時の約7200万人から増加を続け、2008年に１億2808万人となって、ピークを迎えました。1970年代の第二次ベビーブームには出生率（合計特殊出生率、詳細は⑵）が２人を超えていましたが、1989年にはすでに1.57人まで減少してきています。つまり2008年までの増加は子どもが増えたというより、平均余命が伸びることで人口が増加したものと考えられます。

　総務局統計局の人口推計では、2020年現時点の人口は１億2581万人で、国立社会保障・人口問題研究所によれば、2053年に１億人を割って9924万人と

図表２　年齢別人口推移

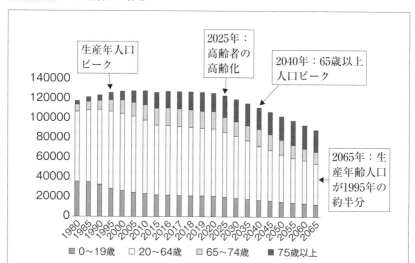

出典：国立社会保障・人口問題研究所「人口統計資料集（2017改訂版）」より。吹出しは
　　　筆者加筆。

なり、2065年には8808万人になると推計されています（**図表２**）。

　一般に金を稼ぐ世代、つまり15歳から64歳までの生産年齢人口は1995年の
8716万人でピークを迎えました。2020年は6841万人まで減少しています。こ
の傾向はさらに続き、2065年には4529万人まで減少すると推計されていま
す。

(2)　少子高齢化

　日本の少子高齢化についてみてみます。まず、高齢化についてですが、平
均寿命は延び続けています。平成が始まった1990年では男性75.92歳、女性
81.90歳であったところ、2018年では男性81.25歳、女性が87.32歳で、それぞ
れ５歳、６歳強延びています。直近でも毎年上昇をしており、2018年は2017
年と比較して、男性は0.16年、女性は0.06年上回りました。

　2020年では、65歳から74歳の人口は1747万人（人口全体に対する割合は

13.9％、以下同じ）、75歳以上が1872万人（14.9％）となっています。これを1990年と比較します。1990年では65歳から74歳は892万人（7.2％）、75歳以上が597万人（4.8％）でした。高齢者の人数や構成割合は約2.4倍となっています。

　他方、少子化については、まず出生率をみてみます。出生率の傾向は通常、合計特殊出生率をみます。合計特殊出生率とは、その年次の15 歳から49 歳までの女性の年齢別出生率を合計したもので、1 人 の女性が一生の間に子どもを生むとしたときの子どもの数に相当するとされています。

　合成特殊出生率は2005年に1.26人まで落ち込みましたが、その後、少子化対策がなされるなどして若干持ち直して2015年に1.46人まで増加しました。2018年は1.42人、2019人には1.36人（出生人数86万 5 千人）と減少傾向にあります。一般論として考えれば、1 組の夫婦から1.36人の子どもしか産まれないため、人口は自然に減少していきます。また、新型コロナ禍により、出産を控える傾向があるためか、2020年度の妊娠届出書の数が減少しているとの報道があります。

　出生率の下落は未婚率の上昇とも関係があります。生涯未婚率（50歳まで1 度も婚姻したことのない人の割合）は2020年で男性約26％、女性約17％です。1990年には生涯未婚率は男性5.57％、女性4.33％でした。

　2020年の未成年（ 0 ～19歳）は2072万人（16.5％）です。ちなみに成人年齢は2022年から18歳まで引き下げられますが、ここでは考慮しません。同じく1990年と比較しますと、1990年では未成年（ 0 ～19歳）は3249万人（26.3％）で、現在は人数も構成割合も30年前の 3 分の 2 まで減少しています。

(3)　高齢者の高齢化

　今後をみると、高齢化のほうには2025年問題と2035年問題と一般に呼ばれているものがあります。2025年問題とは1947年から1949年に生まれた第一次ベビーブーム世代（いわゆる団塊の世代）が75歳を超えるタイミングをいいます。

　2025年をみると65歳から74歳が1497万人（12.2％）、75歳以上が2180万人（17.8％）となり、いわゆる「高齢者の高齢化」が進みます。

　2035年は第二次ベビーブーム世代（1971年から1974年生まれ）が65歳を迎えるタイミングで、65歳から74歳が1521万人（13.2％）、75歳以上が2259万人（19.6％）と高齢者人口が全人口の約3分の1を占めることになります。さらに2040年問題という、65歳以上の人口がピークに達し、高齢者1人を1.5人で支える時代が近づいています。

　少子化のほうもみてみましょう。2025年に未成年（0〜19歳）が1942万人（15.9％）、2035年には1723万人（15.0％）と想定されています。すでに子どもを出産する世代に該当する女性の人数が減少しており、出生率の減少と合わせて、子どもの数はどんどん減っていくことが予想されます。

4　少子高齢化の生命保険業に及ぼす影響

　これまで社会保障制度設計の前提であった、夫が働き、妻が専業主婦をして子ども2人を育てていくという「標準世帯」というものは、すでに標準ではありません。また、そのような構成の世帯であっても、女性の就業率が高くなってきています。育児休暇制度を活用して、新卒で入社した正規職員のままの方もいますし、非正規などで復職される方もいます。いずれにせよ、世帯主向けの死亡保障が必要なのは変わりないものの、以前と比較して、世帯主の必要保障額が下がっていると思われます。

　代わって、医療保険などの第三分野商品や、超高齢社会に備えた認知症保険・介護保険といった自分のための保険商品へのニーズが増加しています。

認知症保険と介護保険　Column 31

　認知症保険は、一般論としては、認知症の認定がなされた場合に保険金が支払われるものです。認知症の認定は医師の診断に加えて、CT検査などの画像検査も必要となるものがあります。あるいは認知症の診断

と介護保険の介護認定の双方があることを条件として支払われるものもあります。ある認知症保険では加入後一定期間（90日から1年）の間に認知症の診断がされた場合には保険契約は無効になり、契約は最初からなかったことになります。この場合、保険料は返還されます。また、認知症の診断確定のほか、軽度認知症の診断確定や死亡、骨折などを保障するものがあります。

　認知症保険には有期型と終身型があります。終身型では保険料が高くなります。認知症保険で工夫が必要なポイントとして、被保険者である方が認知症になった際には、被保険者本人から請求をしていただく必要があるところです。しかし、認知症で症状が重い方では請求が困難です。そこで、請求代理人を指定することを加入時の条件とすることで、本人以外でも保険金が請求できるような取扱いとなっています。

　他方、民間の介護保険では一般に、公的介護保険制度において要介護状態（たとえば要介護度2以上など）に判定されたことなど支払事由として、保険金が支給されます。なかには公的介護保険の認定とは切りはなして保険会社の自社基準で判断する商品もあります。公的介護保険では、認知症以外でも足腰の衰えなどで要介護認定が行われることがあり、その場合は給付が行われます。

　認知症は一定の病気により、認知障がいの症状があらわれるものをいいますが、日常生活に支障をきたすかどうかは個人ごとに異なりますので、必ず要介護認定がされるわけではありません。

　逆に認知症でなくても心身の障がいにより、介護が必要となる場合がありますので、認知症保険と介護保障保険の保障対象は異なります（図）。

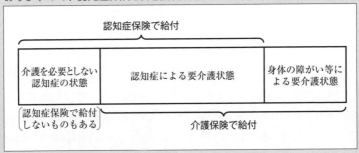

　なお、生命保険文化センターの調査（令和元（2019）年度）によると、介護保険・介護特約の加入率は全生保が男性で13.0％、女性で11.7％となっており、加入率はいまだ低調です（認知症保険の数字はありません）。

　少子化対応には、不妊治療にも給付金の出る生命保険が販売されています。ただ、少子化対応に私的保険だけでは限界があり、婚姻年齢が高くなってきたことへの対策、働く女性への支援をはじめとして、男女かかわりなく、子育てにやさしい勤務体制や休暇制度、あるいは保育園待機児童のゼロ化など総合的な支援が必要となると思われます。

Ⅱ　生命保険会社の新たな企業経営

　生命保険会社の現在の大きな経営課題の１つとして、SDGs（持続可能な開発目標）の視点からの経営戦略構築・実施があります。

　また、投融資にあたっては ESG（Environment：環境、Social：社会、Governance：企業統治）の視点からの戦略再築が求められています。

　本項ではこれらを取り扱います。

1　SDGs（持続可能な開発目標）

(1)　企業の社会貢献

　昔より、企業には社会的な貢献が必要であることは認識されてきました。古くは近江商人の三方良し、あるいは渋沢栄一の『論語と算盤』でも説かれるように、道徳や倫理と経営を一致させることが企業発展の基盤になるとされてきました。

　近年でも企業メセナや CSR（corporate social responsibility：企業の社会的責任）などの考え方が企業の経営戦略と一体化され、企業は利益を獲得する存在であると同時に、社会的な貢献が必要であることはおおむねの賛同を得てきました。

　このような動きの１つの考え方として国際的に画期的なものが、持続可能な開発目標（Sustainable Development Goals：SDGs）です。持続可能な開発目標とは、2015年９月の国連サミットで採択された「持続可能な開発のための2030アジェンダ」にて策定された国際目標です。

　SDGs は官民が協力して、2030年までに持続可能でより良い世界を目指すとする国際目標です。17のゴール・169のターゲットから構成され、地球上の「誰一人取り残さない（leave no one behind)」ことを宣言しています。SDGs は発展途上国と先進国自身がともに取り組む普遍的な目標です。また政府だけではなく、民間も主体となって取り組む目標です。

　日本では2016年５月に首相を本部長とする SDGs 推進本部が設置され、ま

た、本部の下に有識者で構成される SDGs 推進円卓会議を設置し、積極的に取り組んでいます。

(2)　SDGs の狙い

この SDGs の意味するところですが、各国によって違いはあるものの、企業は主には株主価値の増大を目的として経営が行われるべきことが強調されてきました（株主主権）。このことを短絡的に考えてしまうと、企業は利益を得るためであれば、環境問題や途上国の貧困問題など、直接的に目に入らない、そのほかの事情への配慮はあとでもよいという考え方につながるおそれがあります。

しかし、たとえば環境問題を例に挙げると、CO_2 の排出を際限なく行った結果として、（異論はありますが）世界の平均気温は上昇し、異常気象が常態化しつつあります。異常気象により企業は生産設備を失ったり、マーケットを失ったりします。したがって環境に配慮しない企業経営は持続的ではありません。SDGs の目標は**図表 3** のとおり17項目です。

気候変動については、各国金融当局者の参加する国際的な組織である金融安定委員会（Financial Stability Board：FSB）が、作業部会（Task Force on Climate-related Financial Disclosures：TCFD）を設けました。TCFD は気候変動に関する宣言を策定しています。この TCFD 宣言は気候変動のもたらす

図表 3　SDGs の17の目標

1．貧困をなくそう	9．産業と技術革新の基礎を作ろう
2．飢餓をゼロに	10．人や国の不平等をなくそう
3．すべての人に健康と福祉を	11．住み続けられるまちづくりを
4．質の高い教育をみんなに	12．つくる責任つかう責任
5．ジェンダー平等を実現しよう	13．気候変動に具体的な対策を
6．安全な水とトイレを世界中に	14．海の豊かさを守ろう
7．エネルギーをみんなにそしてクリーンに	15．陸の豊かさも守ろう
8．働きがいも経済成長も	16．平和と公正をすべての人に
	17．パートナーシップで目標を達成しよう

リスクや機会に関する財務的影響の把握を把握し、その開示を求めるものです。この宣言は、その趣旨に賛同した企業が自発的に参加して、開示を行うものです。

　昨今では、プラスチックの海洋投棄の問題が深刻になっています。魚がプラスチックを口にすることで、魚を食べる人々に影響が出ます。プラスチックの大量生産およびその弊害としての海洋投棄も持続的ではありません。

　また、発展途上国の貧困や人権問題など企業が放置することで、結局企業が持続的に存続・発展することが難しくなるという問題が生じます。先進国などの企業が、発展途上国で安価な労働力として児童を働かせるような事例も明らかになっています。

　このようなことでもたらされる貧困の相続や、国家間の格差、あるいは国内における格差の存在は、人々の生活を脅かし、世界の不安定化を招き、持続的ではありません。

⑶　生命保険会社と SDGs

　生命保険会社も SDGs の考えを経営に反映しており、たとえば日本生命では経営戦略と SDGs を一体化させています。具体的には18のサスティナビリティ重要課題を設定し、取組状況を年次で公表しています。

　1つだけ例を挙げます。SDGs には、あらゆる年齢のすべての人々の健康的な生活を確保して、福祉を促進するという目標があります（目標3）。

　この観点から、生命保険各社は健康を重視する経営に精力的に取り組んでいます。まず、自社で働く従業員の健康を確保することは、持続的な成長のために大変重要な課題です。

　日本生命では中期計画として、「月平均時間外労働を2016年度比20％削減」、「普通休暇取得率70％」などを掲げています（サステナビリティレポート2020）。また、健康保険組合を中心に禁煙運動も進められています。

健康増進型保険　　　　　Column 32

　SDGsの目標3はあらゆる人の健康的な生活を確保するというものですが、生命保険会社が顧客の健康増進を図るというコンセプトの下に開発された健康増進型の保険商品があります。

　いくつかのパターンがありますが、1つには健康診断結果を提出することで保険料を割り引く、あるいはキャッシュバックするというものです。契約当初に提出してもらうだけの商品と毎年提出してもらうタイプのものがあります。

　これらの商品では、健康診断書の提出によってその健診結果のいかんにかかわらず割引をします。そのうえで結果が良ければより安くするというものです。契約当初のみ提出するタイプのものは、健康増進効果はあまりないかもしれません。ただ、毎年提出するタイプのものは、健康増進効果は期待できますが、毎年の健診結果提出の手間をどうするかということや、健診結果により、保険料が後日実質的に上がるということについての顧客の納得性に関する課題がありそうです。

　また、1日の平均歩数によって割り引いたり、腕にスマートウォッチ（ウェアラブル端末）を付けることで運動の結果などの健康情報を収集してポイント換算して保険料を毎年割り引いたりする商品があります。

　これらも歩数の計算やウェアラブルを一日中付けられるのかという課題がありそうです。この点、各社とも健康アプリなどを開発提供し、一定の運動がされた場合にポイントを付与したり、プレゼントをしたりするなどの工夫を行っています。

　これらの商品は、すでに健康に意識のある層はメリットを受けられるが、健康を意識しないといけない層へはアプローチできていないとの批判も考えられるところです。しかし、いずれにせよこれらはSDGsにおける健康増進というコンセプトの下での、生命保険会社の企業努力のみえる商品ということができます。

　最後のウェアラブル端末を使った商品などはいわゆるインシュアテックの一種です。インシュアテックとはインシュアランス（保険）とテク

> ノロジー（技術）を足した造語で、ICT（Information and Communica-
> tion Technology：情報通信技術）を保険事業に応用したものを指しま
> す。この点については Ⅳ で解説します。

2　ESG 投資

(1)　ESG 投資とは

　ESG 投資とは、機関投資家が投資を行うにあたって、Environment（環境）、Social（社会）、Governance（企業統治）の３つの要素を勘案して、投資企業を選定する旨の方針をいいます。ESG 投資については、SDGs（持続可能な開発目標）よりも先に取組みが始まっています。しかし、SDGs が持続可能性を目指す、より包括的な取組みであることから、ESG 投資はその一環として取組みが行われることが多いと考えられます。また、ESG の視点はスチュワードシップ・コードにも反映されています。この点については第４章Ⅵをご覧ください。

　この ESG 投資は2006年に国連の「国連環境計画・金融イニシアチブ（United Nations Environment Programme Finance Initiative：UNEP FI）」が定めた国連責任投資原則（Principles for Responsible Investment：PRI）へ賛同（署名）することによって行うことが一般的です。イニシアチブとはわかりにくい言葉で、また適当な和訳もありませんが、自発的に行われる、官民の事業体など複数の主体による共同取組（パートナーシップ）のことを指します。

　ところで、昨今では、法律や条約といったフォーマルな形式をとらず、政策目標を達成するための基本的な原則などを国内・国際の場面で宣言・公表したうえで、その宣言や原則に企業や国家が自発的に参加し、取り組むことが行われるようになりました。

　こういった宣言や原則にのっとった自発的な取組みには、いくつかのメリットがあります。まず、政治的な思惑（国際的にいえば、国家間の対立）とは関係なく進めることができます。また、法律ではないので、企業は自社で

できる範囲で行えばよく、可能な企業はより高度な取組みを自発的かつ創造的に行うことが奨励されるといった柔軟性があることです。

(2)　ネガティブスクリーニングとポジティブスクリーニング

上述のとおり、ESG 投資は、PRI に署名することで行います（**図表 4**）。

PRI の取組みの基本は、ネガティブスクリーニングです。ネガティブスクリーニングとは、ある基準に抵触する企業には投資を行わないとするものです。たとえば、CO_2 を大量に排出する事業を行うなど環境に負荷がかかるような企業には投資を行わないとするものです。

さらには、環境や人権等への配慮を基本的な企業価値としているような企業、あるいは独立社外取締役を取締役会の過半数にするなどガバナンスに積極的であるといった企業など、ESG を積極的に取り組む企業を選定し、それら企業への投資を行うというポジティブスクリーニングも行われるようになってきています。

SDGs と ESG 投資と PRI と横文字 3 文字が続きました。頭の整理のためにその関係を大雑把に整理すると次頁**図表 5** のとおりです。

図表 4　国連責任投資原則（PRI）

> 1．私たちは投資分析と意思決定のプロセスに ESG 課題を組み込みます。
> 2．私たちは活動的な所有者となり、所有方針と所有習慣に ESG 問題を組み入れます。
> 3．私たちは、投資対象の企業に対して ESG 課題についての適切な開示を求めます。
> 4．私たちは、資産運用業界において本原則が受け入れられ、実行に移されるよう働きかけを行います。
> 5．私たちは、本原則を実行する際の効果を高めるために、協働します。
> 6．私たちは、本原則の実行に関する活動状況や進捗状況に関して報告します。

> **図表 5**　SDGs と ESG 投資と PRI の関係

SDGs（Sustainable Development Goals）
人権問題、環境問題（TCFD）、教育、農業など17の目標

> ESG 投資（環境、社会、統治、Environment, Society, Governance）
> ──PRI　（国連責任投資原則、Principles for Responsible Investment）

(3)　ESG 投資と受託者責任

　ところで、このように特定の企業を投資先から排除する、あるいは収益とは別の基準によって投資先企業を選定することによって、株式市場の成長を取り込めなくなるのではないかとの指摘もあります。たとえば投資ファンドなどでは資金を顧客から預かっており、フィデューシャリー・デューティー（受託者責任）を投資家に対して負っています。

　受託者責任は詳しくは後述しますが、ここでの受託者責任は、資産運用会社が資金の出し手である顧客（受託者）への経済的リターンを最大化すべきとする責任と考えてください。そうすると、ESG 投資方針に基づいて特定企業を投資対象から外すことで、運用成績が悪化するとすれば、ESG 投資方針と受託者責任との関係が問題となります。ESG 重視の経営を行っている企業の成長性が、そうでない企業の成長性より高いことが指摘する研究もありますが、いまだ立証されたとまではいいにくいからです。

　この点、米国の従業員退職所得保障法（Employee Retirement Income Security Act：ERISA）において、受託者責任と ESG 投資方針の関係について解釈が示されてきました。ERISA は米国の企業年金に関する基本法令で、企業の従業員向け年金における運用者の、年金受給者（受給予定者）に対する受託者責任を定めています。運用者には受託者責任が課されるので、年金受給者等のリターンを最大化するように運用を行う必要があります。

　一時期、ESG 投資方針は他の投資手法と比較しても優れた運用成績（パフォーマンス）を示す可能性があるなどの解釈も示されました。現状（2020年）では、受託者の金銭的リターンを最優先させるべきであり、金銭的なリ

ターンでは投資の判断がつかないときに限り ESG 要素を考慮できるとする
ルールに変わっています。つまり運用者は ESG 投資方針と受託者責任との
両方をにらみつつ、運用をする必要があるということです。

⑷　日本における ESG 投資

　日本では、国の公的年金制度の資産の一部を運用する年金積立金管理運用
独立行政法人（Government Pension Investment Fund：GPIF）が2015年 9 月に
PRI へ署名したことが大きな転機となりました。GPIF の総資産は162兆円
（2020年度）もあり、その資産の多くを外部の投資運用会社に運用委託して
います。そうすると、投資の委託を受けた投資運用会社は PRI に沿った運
用を行う必要が出てきました。

　また GPIF から投資委託を受けようとする新たな投資運用会社も PRI へ署
名が事実上求められることになりました。そのため、日本でもすでに85社が
署名を行っています（世界では3328社、2020年 8 月現在）。

Ⅲ　新しい保険業界規制の方向性

　保険業界の規制はこのところ大きく変わってきています。それはICTの大幅な進展など経済社会の変動が速すぎるために、行政がルールを作って生命保険会社が遵守するといった古典的手法が有効ではなくなりつつあるところから生じています。

　本項では、保険業界規制の改革について解説を行います。

1　総　　論

(1)　金融監督ルールの明確化

　1995年改正保険業法までは、伝統的に法律で大枠を定め、細かいところは行政指導という形で、行政が業界をコントロールしてきました。当時の規制は護送船団方式と呼ばれ、一番速度の遅い船（保険会社）にあわせて業界が足並みをそろえるといったことが行われてきました。

　規制緩和による経済活性化が求められるようになり、1995年改正保険業法の下では、ルールを明確にし、ルールの下で自由競争が行われるように制度を整備しました。特に、財務的な健全性を確保することをルール化することを通じて、競争の活発化を図ることとしました。この競争の活発化は、保険会社や保険募集人に対する監督規制を定めて、そのルールに基づいている限り競争を可能にする、言い換えればルールベースで行われてきたといえます。

　ところで、この時期にはバブル崩壊後の不良債権問題などがあり、行政が金融機関の業務の細部にわたって指示をするといったことが行われました。行政は監督指針のほか、金融機関への立ち入り検査（オンサイト）にあたってチェックする項目と内容を定めた検査マニュアルを策定しました。また、行政が監督権を行使し、金融機関の業務に深く干渉するということも行われました。

　特に不良債権問題では、要注意先、破綻懸念先、実質破綻先など貸付先債

務者の状態によるランク付けが行われています。このランクが下落すると貸倒引当金を積まなければならないことや新規貸出しを行わないなどのルールがありました。検査官の指示によってランクが下げられたため、企業の破綻を招いたのではないかとの指摘もみられたところです。

(2)　ルールベースの限界

　他方、金融機関が融資を焦げ付かせないために、早期に破綻処理すべき企業に対してあえて融資をし続けることで、淘汰されるべきいわゆるゾンビ企業を生きながらえさせているのではないか、結果として、経済の活性化を阻害しているのではないかとの指摘もありました。この点については、企業の継続性の判断は難しく、また健全な金融制度の確保をどう達成していくかという難しい問題があります。また企業破綻が、必然的に一時的にせよ失業者を発生させるため、どちらが正しいとは一概にはいえません。

　いずれにせよ、企業間の競争が激化し、ICT（情報通信技術：Information Communication Technology）の革新などの企業を取り巻く環境変化の激しい今の時代に、このように法律や行政が事前にルールを定めてそれへの遵守を求めるルールベースだけでの監督には限界がありました。別の視点からみれば、監督される業界サイドには保険事業に関する最新情報がある一方で、監督する行政には情報がないという情報の格差（非対称性）が、ルールベースでの監督を続けることができなくなった背景にあります。

(3)　プリンシプルベースの監督の導入

　そこで行政はルールベースに加え、プリンシプルベースの監督の視点を盛り込むことを宣言しました。プリンシプルベースの監督とは、法律や行政があらかじめ細かいルールを定めるのではなく、金融機関が守るべき大まかな業務原則（プリンシプル）を定めるものです。金融機関は業務原則に従い、他社や他業態がどのようなルールを設けているか、自社のあるべき姿はどのようなものかを考慮して、社内ルールを策定します。なお、社内ルールとし

図表 6　Plan-Do-Check-Act サイクル

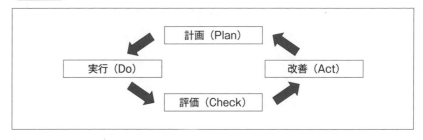

ては、顧客第一主義や地域貢献といった原則（プリンシプル）的なものと、事務や営業の細かい取扱いを定めたルールの両方を定めることが通常だと思われます。

　このような社内ルールは固定的なものと考えるべきではなく、PDCA（Plan Do Check Act：計画し、実行し、結果を評価して、改善する）サイクルを回しながら、ルールを高めていく必要があります。PDCA サイクルは金融業界特有の概念ではありません。一般的に、ある特定時点で、「こうである」と決められないルールや戦略について、とりあえずやってみて、結果を確認しながら改善を積み重ねていく手法を指します。不透明な環境下で事業を行う場合の基本的な手法の１つです（図表６）。

　このような監督手法において、行政の役割としては、各社の好取組事例や、不適正な行為として改善を求めた事例など金融機関が自社ルールを策定するにあたって参考になる情報を提供するというものです。

⑷　監督方針の進化

　行政のリスクに対するスタンスも変化してきています。これまでは、資産運用の損失や多額の保険金支払いなどのリスクを、生命保険会社がいかに回避する方策をとっているのか、仮に、リスクが現実化した場合の資金を十分に持っているのかという視点で監督を行ってきました。

　しかし、現在では、利益（リターン）を得るためには、一定の損失の可能

性（リスク）を取ることが必要であるという考え方に立っています。そのた
め、リスクをどの程度取りに行くのか（これをリスクアペタイト（Risk
Appetite）といいます）を定め、そのリスクを踏まえたうえで十分な利益を得
ているのかを確認することとしています。

　また、行政の監督の考え方の変化として重要なのは、将来への展望を重視
することです（これをフォワードルッキング（Forward Looking）といいます）。
これまではどちらかといえば、検査や報告などの特定時点の生命保険会社の
経営状況や事業運営状況を切り取って、過去の業務の適正さを検証するとい
う監督スタイルでした。しかし、現在では、変化する経済環境、変動する生
命保険会社経営の状況に寄り添う形で、今何がより良い対応といえるのか、
将来に向かっての視点で行政が監視・助言を行うスタンスになっています。

2　顧客本位原則

(1)　顧客本位原則の導入

　上記で述べたとおり、行政はプリンシプルベースの監督を導入しました。
このプリンシプルベースの監督の中核となる原則が「顧客本位の業務運営に
関する原則（顧客本位原則）」（次頁図表7）です。

　顧客本位原則は、2016年12月の金融審議会市場ワーキンググループの提言
に基づいて、2017年3月に金融庁により策定・公表されました。顧客本位原
則は法律上の規制ではありません。金融機関が自発的に顧客本位原則を採択
し、その成果をKPI（Key Performance Indicator：主要成果指標）として開示
することが期待されるものです。KPIは金融機関が顧客本位原則に取り組ん
だ結果について、その参考となる数値を示すものです。

　KPIには共通KPIと自社KPIがあります。共通KPIは1つの業界で共通
して設けられたKPIで、現時点では、投資信託の販売会社に関するものが
あります。この投資信託販売会社のKPIには、たとえば、顧客に販売した
投資信託商品別の損益状況を開示するものなどがあります。このKPIは顧
客にいかに利益になる投資信託を勧めたか、ということを示すものです。た

図表7　顧客本位の業務運営に関する原則

原則1．金融事業者は、顧客本位の業務運営を実現するための明確な方針を策定・公表するとともに、当該方針に係る取組状況を定期的に公表すべきである。当該方針は、より良い業務運営を実現するため、定期的に見直されるべきである。

原則2．金融事業者は、高度の専門性と職業倫理を保持し、顧客に対して誠実・公正に業務を行い、顧客の最善の利益を図るべきである。金融事業者は、こうした業務運営が企業文化として定着するよう努めるべきである。

原則3．金融事業者は、取引における顧客との利益相反の可能性について正確に把握し、利益相反の可能性がある場合には、当該利益相反を適切に管理すべきである。金融事業者は、そのための具体的な対応方針をあらかじめ策定すべきである。

原則4．金融事業者は、名目を問わず、顧客が負担する手数料その他の費用の詳細を、当該手数料等がどのようなサービスの対価に関するものかを含め、顧客が理解できるよう情報提供すべきである。

原則5．金融事業者は、顧客との情報の非対称性があることを踏まえ、上記原則4に示された事項のほか、金融商品・サービスの販売・推奨等に係る重要な情報を顧客が理解できるよう分かりやすく提供すべきである。

原則6．金融事業者は、顧客の資産状況、取引経験、知識及び取引目的・ニーズを把握し、当該顧客にふさわしい金融商品・サービスの組成、販売・推奨等を行うべきである。

原則7．金融事業者は、顧客の最善の利益を追求するための行動、顧客の公正な取扱い、利益相反の適切な管理等を促進するように設計された報酬・業績評価体系、従業員研修その他の適切な動機づけの枠組みや適切なガバナンス体制を整備すべきである。

だ、運用成果はそのとき市場の動向にも影響されるため、各種 KPI 数値は慎重にみる必要があるでしょう。

　顧客本位原則は法ではないといいましたが、これを大きく損なうような事業運営が行われた場合は、保険業法にある顧客保護管理態勢の整備義務違反

図表8　FD（受託者責任）

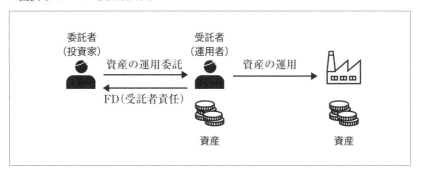

などを根拠として、行政から是正措置が行われることがあります。

(2)　顧客本位原則と受託者責任

　顧客本位原則は英米法の概念である受託者責任（Fiduciary Duty）（以下、FD（受託責任者）と表示します）を参考にして策定されています（図表8）。FD（受託者責任）とは、もともと他人のために財産を運用する人に課される高度な信認義務のことを指します。投資信託の運用者や投資顧問、あるいは企業年金の資産運用担当者などにはFD（受託者責任）が認められる（前述）とされています。

(3)　利益相反の適切な管理

　FD（受託者責任）の具体的な内容にはさまざまな解説がありますが、最重要ポイントは2点で、①委託する人（本人）の利益を最優先で考えるべきこと（顧客の最善の利益の追求）と、②本人の利益と、受託する人（受託者）の利益とが反する状態（利益相反）を起こさないことです。

　この2つのうちでしばしば議論となるのは②のほうで、その議論の主要ポイントとなるのが、「誰から報酬をもらうか」という点です。たとえば投資顧問業を考えると、顧客が投資するにあたって顧客に対してアドバイスし、かつ顧客から報酬を得るものであるため利益相反の問題はありません。サー

ビスの提供先と、報酬の出元が一緒であり、ほかの利益を考える動機（イン
センティブ）がないからです。

　他方で、たとえば保険募集人を考えると、保険商品の説明・勧誘という
サービスの提供先は顧客に対するものとみることができますが、報酬は生命
保険会社または保険代理店から支払われます。保険募集人が報酬を生命保険
会社から受け取るのは、保険募集人が生命保険会社に雇用され、あるいは生
命保険会社から委託を受けて募集をしているためです。言い換えますと、募
集行為とは本質的には生命保険会社の仕事として行っているものです。

　前述のように、顧客への商品推奨行為が顧客のためと考えると、サービス
の提供先と報酬の出元が異なるということになります。そのため、保険募集
人には販売報酬の高い生命保険商品を推奨する動機（インセンティブ）が生
ずる余地があると考えられます。

　顧客本位原則は金融商品の販売業者も含め、適用対象を広げるために、
FD（受託者責任）の①の顧客の最善の利益の提供は求める（原則2）ことと
したものの、②の利益相反を起こさないことについては、厳格な原則として
適用するものではありません。それは、仮に②について厳格に適用するとす
れば、保険募集は顧客から委託を受けるべきものとし、そして保険募集の報
酬を顧客から徴収するべきものとすることが考えられますが、それは現実的
ではないからです。

　顧客本位原則では、利益相反に関して、その可能性を把握し、利益相反を
適切に管理する（原則3）こと、また顧客の負担する手数料について情報提
供する（原則4）ことを求めることとしています。

　顧客本位原則ではほかに、重要な情報のわかりやすい提供（原則5）、顧
客にふさわしいサービスの提供（原則6）、従業員に対する適切な動機付け
の枠組み等（原則7）が定められています。

3　ベストインタレスト規制

　顧客本位原則策定後3年経過したことから、2020年の8月に金融審議会市

場ワーキンググループが原則見直しの提言を行いました。また、欧州や米国の規制動向も反映した規制改正が行われています。

　以下は、原則としてこのワーキングが、2020年8月5日に策定・公表した「金融審議会 市場ワーキンググループ報告書―顧客本位の業務運営の進展に向けて―」（以下、報告といいます）に沿って、現下の課題を説明していきます。

(1)　単なる販売にとどまらない販売・推奨

　現行の原則6では、顧客にふさわしいサービスの提供が求められています。報告では、この点に関連して3点ほど課題が提示されています。

> ①　適切なポートフォリオの提案
> ②　業界横断的な金融商品・サービスの比較提案
> ③　販売後のフォローアップ

①　適切なポートフォリオの提案

　金融商品の販売にあたっては、新商品を単に販売すればいいというわけではなく、顧客にあった適切なポートフォリオ（資産構成）を組むことが前提です。

　たとえば資産運用にあたっては、国債などの円金利資産といった安全資産と、外貨建投信などリスクはあるが高リターンの商品を適切に組み合わせて資産形成をすることが重要です。安全資産だけでは十分な利益を獲得することができず、リスク資産だけでは元本を大きく割ってしまうような状況も考えられるからです。

　生命保険会社の商品をとってみても、医療や介護、死亡保障などバランスよく保障を付していくことが大切です。

②　業界横断的な金融商品・サービスの比較提案

　たとえば外貨建年金など投資性の強い貯蓄性商品は、外貨建投資信託など類似の金融商品などと比較して販売・推奨することが本来は望ましいと考え

られます。この観点から後記4「簡潔な説明書類（重要情報シート）」が作成されることとなりました。この点については、後述します。

　なお、このように保険業と証券業にまたがっての勧誘行為は、担当者が証券外務員かつ保険募集人である場合にのみ可能となります。銀行や証券会社などの窓口販売などが該当します。

③　販売後のフォローアップ

　販売後のフォローアップは、生命保険会社ではご契約内容確認活動といった形ですでに実行されているところです。**第4章Ⅳ3**で述べたとおり、確認活動にあたっては、現在加入中の保険の確認とともに、給付すべき事由がないかの確認を行います。これらに加え、年齢やライフステージを確認して、適切に提案ができるようにすることが望まれます。

　問題となるのは、事後の適合性原則です。適合性原則とは**第3章Ⅴ4(1)**で述べたとおり、顧客の知識、経験、財産の状況、金融商品取引契約を締結する目的に照らして、不適当な勧誘を行ってはならないという金融商品取引法上の規制のことです。

　ここでは高リスク商品を保有する顧客が高齢化した場合に、保有し続けることがどうなのかという問題が生じます。この点、法律の条文では適合しない商品を「勧誘を行ってはならない」としているので、商品の販売時に限定されています。

　この点、高齢者が高リスク商品を保有したまま、認知機能が低下したようなケースは金融機関側から何らかの働きかけをすることが法律の規定は別としても、望ましいとはいえます。この点は今後のベストプラクティス（好取組事例）が出てくることが期待されます。

(2)　商品開発において想定した顧客層の公表

　金融商品の開発にあたっては、どのような層に販売するのかを事前に調査検討を行うのが通常です。たとえば外貨建年金であれば、ある程度為替のリスクを取っても利回りを確保したい顧客層を想定します。そのような顧客層

には、資産が十分あり、また株式投資などの投資経験があるなどの属性が想定されます。

　ところで昨今は生命保険会社が営業職員を通じて直接保険募集をするのではなく、募集代理店を通じて募集をすることも多くなっています。この場合に、資産保有層をターゲットにした商品を、それ以外の層に対して募集することで齟齬が生ずるおそれがあります。営業職員が募集するケースでも、販売組織が商品開発組織の意図を十分把握しないで販売促進を行うことも考えられます。

　このため、報告では金融商品の開発にあたって想定した顧客層について公表すること、および顧客に対して情報提供することを求めることとしています。

米国のベストインタレスト規則（最善の利益規則）　Column 33

　米国では変額年金などの生命保険商品は保険商品として規制されるとともに、金融商品としても規制されることとされています。

　金融商品を取り扱うには、証券会社あるいは証券外務員（ブローカー・ディーラー、以下、証券会社と証券外務員をまとめて BD 外務員といいます）、あるいは投資顧問（インベストメント・アドバイザー）の資格が必要です。

　まず投資顧問ですが、投資顧問は顧客から手数料、主には資産残高などに比例する定額のフィーを徴収し、顧客に投資アドバイスを行います。投資顧問には顧客に対して FD（受託者責任）が認められます。

　他方、BD 外務員は金融商品を販売することが主な業務内容で、投資のアドバイスをすること（取引推奨）は、金融商品販売に付随する限度で認められています。

　BD 外務員の報酬は、主には取引ごとに販売手数料、すなわちコミッションを徴収する形で金融機関、あるいは間接的ですが、顧客から支払われています（次頁図）。

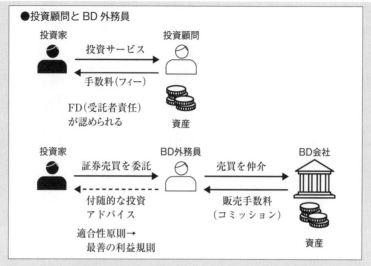

これまでBD外務員には、取引推奨時にFD（受託者責任）が課されるのではなく、適合性の原則（財産や収入、投資目的等に適合する商品を勧誘する義務）が適用されるにとどまっていました。

しかし、BD外務員の取引推奨と、投資顧問の投資アドバイスは顧客からみて違いがわかりにくいとの批判もあり、BD外務員にもFD（受託者責任）を認めようとする動きがありました。

詳細は割愛しますが、企業年金を管轄する米国労働省が、一部取引にFD（受託者責任）を入れようとする動きがありました。この動きは、連邦控訴裁判所で無効が宣言されたことで終わりました。

この動きと入れ替わるように、米国証券取引委員会（Securities and Exchange Commission：SEC）がBD外務員に対して最善の利益規則を導入し、2020年６月末までに遵守をしなければならないとしました。

最善の利益規則では、まずBD外務員は「個人顧客に推奨を行うときには、BD外務員の利益を顧客の利益より優先することなく、推奨時に顧客の最善の利益に基づき行動しなければならない」としています。この義務は以下の４つの義務を満たしたときに、履行されることとされています。

> ① 開示義務：推奨を BD 外務員として行うこと等を開示する。
> ② 注意義務：その推奨が顧客の最善の利益になりえると信ずる合理的
> 　な根拠を持つなどの義務を果たす。
> ③ 利益相反に関する義務：利益相反を把握し、排除もしくは抑制、開
> 　示する。
> ④ コンプライアンス態勢整備義務

　ポイントはやはり報酬で、BD 外務員にはコミッションの形での報酬が引き続き認められることとなりました。SEC によれば、その理由は①単発的に金融商品を購入し、その後はずっと保有する顧客にとっては、コミッションのほうが合理的であることと、②投資顧問では預かり資産の下限額があり、少額の投資家が証券売買サービスから排除されかねないことであるとされています。

4　簡潔な説明書類（重要情報シート）

　報告では簡潔な説明書類として「重要情報シート」の策定を求めることとしています。これは EU における金融パッケージ商品の簡潔な説明書類である PRIPs KID（Key information documents for packaged retail and insurance-based investment products）や米国の Form CRS（Customer or Client Relationship Summary）を参考にしたものです。

　もともと顧客本位原則では、金融商品・サービスに関する情報の顧客へのわかりやすい提供が求められてきました（原則 5）。同原則では、手数料など顧客との利益相反の具体的内容（原則 5（注 1））、高リスク商品への丁寧な情報提供（原則 5（注 4））、同種の他の商品・サービスと比較できるような情報提供（原則 5（注 5））が求められるとされています。

　そこで報告書では、一定の投資性金融商品については「重要情報シート」を作成し、顧客に提供することによって①他の同種の商品との比較を容易にすること、②リスクや費用を明確にすること、③勧誘者の立場（利益相反の可能性）の明確化などの重要情報を提供することとしました。

図表9　重要情報シートのイメージ

金融業者編

1．当社の基本情報
　・社名……
2．取扱商品（当社がお客様に提供できる金融商品の種類は次のとおりです）
　・預金、国内株式、保険（投資リスクなし）、保険（投資リスクあり）……
3．商品ラインアップの考え方（商品選定のコンセプトは次のとおりです）……
4．苦情・相談窓口

個別商品編

1．商品等の内容（当社は、組成会社の委託を受け、お客様に商品の販売の
　勧誘を行っています）
　・金融商品の名称・種類、組成会社（運用会社）、販売委託元……
2．リスクと運用実績（本商品は、円建てでの元本が保証されず、損失が生
　じるリスクがあります）
　・損失が生ずるリスクの内容……
3．費用（本商品の購入または保有には、費用が発生します）
　・購入時に支払う費用、継続的に支払う費用……
4．換金・解約の条件（本商品を換金・解約する場合、一定の不利益を被る
　ことがあります）
　・商品の償還期限、解約手数料の負担額……
5．当社の利益とお客様の利益が反する可能性
　・組成会社からの販売手数料の取得……
6．租税の概要
　……
7．その他参考情報（契約にあたっては、次の書面をよくご覧ください
　・契約締結前交付書類、目論見書

出典：金融審議会（令和元年8月5日）「市場ワーキング・グループ報告書―顧客本位の
　　　業務運営の進展に向けて―」より抜粋。

　図表9が報告書で示されたフォームの概略ですが、顧客が理解しやすいよ
うに情報の分量に上限を設け、簡潔な説明書類とすることとされました。

　ところで、金融商品を販売するにあたっては、すでに、目論見書の交付
や、契約締結前交付書面などの法定の交付書面があります。これらの書類と
重要情報シートとは一部内容が重複します。

　この点を踏まえて、重要情報シートを用いて商品内容説明を行った場合

は、契約締結前交付書類と目論見書については、ネット上で公表し、URL
を示すだけでよいこととされました。なお、顧客が求めた場合には、これら
は書面で提供する必要があります。

米国の Form CRS　Column 34

　米国 SEC は最善の利益規則と合わせて Form CRS 規則を導入しまし
た。上述の重要情報シートの参考になった規則です。Form CRS 規則は
BD 外務員だけでなく、投資顧問にも適用があります。最善の利益規則
と同時に制定されており、最善の利益規則を遵守するために重要な情報
提供書類とされていますが、Form CRS を提供するだけでは最善の利益
規則を満たすことにならないことに注意が必要とされています。

　Form CRS は、2 ページ、あるいは投資顧問と BD 外務員の双方の業
務を行っている場合は 4 ページを上限とします。Form CRS は口座開設
や金融商品取引推奨、注文実施時あるいは口座開設時に提供しなければ
ならないとされています。

　その内容は、①序文、②顧客との関係と提供サービス、③フィー、コ
スト、利益相反、行動原則、④当局による処分履歴、⑤追加情報の入手
場所という内容に限定されています。

　内容の分量が限定される代わりに、顧客に対して質問を行うよう勧奨
する文言が含まれています。

5　超高齢社会への対応

　前記Ⅰで述べたとおり、日本は超高齢社会になっており、今後ともさらな
る高齢化が進むことが見込まれています。また、家計の金融資産の約3分の
2を60歳以上の世帯が保有しており、高齢者対応は金融機関にとって非常に
重要な経営課題です。

　生命保険会社も超高齢社会に順応するだけではなく、積極的に貢献するこ

とが求められます。報告では、主には以下の点について提言を行っています。

(1)　金融機関における柔軟な対応

　この視点では主に銀行の店頭における取引を念頭に置いた提言がなされています。認知判断能力の低下した高齢者本人が来店したり、家族が本人を代理して来店したりすることも多くなってきています。

　しかし、認知能力が低下したことにより、預金の引出しや、生命保険会社でいえば契約者貸付、あるいは配当金の引出しなどの行為について、本人がその意味を理解できないで行った場合は、そのような行為は無効となります。この場合、銀行や保険会社には二重払いのおそれが生じます。このような事態を懸念して、金融機関は、高齢者との取引を拒絶する、あるいは成年後見人選任を取引の条件とするといった硬直的な対応を行うことが想定されます。報告では、お金の振込先が明確であるなどの場合は当人あるいは代理人と柔軟に取引を行うべきことが提言されています。

(2)　金融機関と福祉関係機関等の連携強化

　判断能力を常に欠く人に対しては、その人の行為を代理する成年後見人を選任することができます。成年後見人選任は、実は金融機関との取引がきっかけであったことが多いとされています。

　金融機関は地域の社会福祉協議会や地域包括支援センターなどと連携し、認知能力の低下した高齢者への対応方法や、顧客に対してどの機関に相談することがよいかについて助言をするか、などについて情報交換をしておくことが望ましいといえます。

　金融機関から直接、これらの機関へ個人情報を提供することはできませんが、顧客にこれら機関を訪ねるように行動を促すことで、地域での見守りに貢献することができます。

(3)　好取組事項の集約・還元

　報告では、高齢者向け商品、認知判断能力の低下に備えた事前の取組み、高齢者の相談窓口、金融商品販売後のフォローアップが取り上げられています。高齢者向け商品やフォローアップについては前述しました。ここでは認知判断能力の低下に備えた事前の取組みについて説明します。

　生命保険会社においては、先に述べたとおり、保険金や給付金請求の指定代理請求の制度があります。被保険者が所定の障がい状態になった場合に給付される高度障害保険金や入院給付金などで、本人が請求できない事由があるときに、事前に指定した家族などが代わって請求できるとする制度です。

　昨今では、保険契約者代理制度を設ける生命保険会社も現れてきました。このような制度の下では、保険契約の解約や減額、契約者貸付の請求なども保険契約者本人に代わって、代理人が取引をすることができます。

　報告では、これらのほか、「デジタル技術を活用した柔軟な顧客対応を可能にすること」や、「金融契約の有無が照会できるシステムの構築の提案」などがなされています。

Ⅳ　デジタル社会への生命保険会社の対応（インシュアテック）

本項では、ICT の進展に伴う生命保険会社や募集代理店における技術革新について解説を行います。

1　総　論

日本では2015年ころからフィンテックが注目を浴びるようになってきました。フィンテックとは金融（Finance）と、技術（Technology）を合わせた造語で、特に ICT（情報通信技術）を活用した金融の革新のことを指します。

身近なところからいえば、QR コード決済や資金移動業など資金決済手段の革新があります。そのほか、家計簿ソフトや投資助言を行うロボアドバイザーなどが挙げられます。

前記Ⅱで述べたとおり、インシュアテックとは、保険（Insurance）と技術（Technology）を合わせた造語で、フィンテックの一種です。

インシュアテックがどの程度の範囲を指すかについては確定したものはないようです。ここでは ICT を利用した生命保険業界の革新という点から広めに紹介することとします。

AI 技術　Column 35

ICT 技術の実務への適用を一段と革新的なものにしたのが、AI（Artificial Intelligence：人工知能）技術の発展です。AI 技術自体の概念はすでに1950年代には登場していましたが、当時はいろいろな機能を果たす汎用型の AI が想定されていました。汎用型 AI はまさに人間の代わりに仕事をしたり、家事をしたりといった機能を 1 つのプログラムで実行しようとするものでした。

現在、開発が進んでいるのが特化型 AI で、囲碁や将棋ではすでにトッププロに勝利するほどの性能を誇っています。各種のビジネスに AI が導

入されるようになってきており、たとえば、生命保険契約の引受査定への AI 導入も計画されているとの報道がありました。

　AI の発展は機械学習、さらには2000年代以降に登場したディープラーニングによるところが大きいです。機械学習とはデータをプログラムに学習させて、識別・分類・予測といった作業（タスク）を行わせることです。これまでの機械学習では、たとえば図形を識別するために、どのような特徴を基準（特徴量といいます）に判断するのかを人間が指示することが前提となっていました。

　しかし、ディープラーニングにより、人間が特徴となる基準を示さなくても、AI 自体がたくさんの情報を処理していく中で、AI 自身が判断の基準を構築し、判断をしていくことが可能になりました。ディープラーニングによって、たとえば数値を入力して結果を判別するといった簡単なものだけではなく、犬と猫の画像を判別することもできるようになりました。さらには自動車の自動運転において、周囲の道路状況や周囲の人や車の動きなどの環境認識などが可能になってきています。

2　ネット生保

　ICT を活用した事例として、まずネット生保を挙げたいと思います。ネット専業の生命保険会社が最初に営業開始したのは2008年で、まだインシュアテックの用語は使われていませんでした。

　ただ、見積もりがネット上でできるだけではなく、申込みも告知もネット上で行うことができることから、インシュアテックの走りといっていいかと思います。

　昨今ではネット専業だけではなく、営業職員や代理店網を持つ生命保険会社が、ネットで完結する生命保険も提供する事例も出てきています。

　また、テキストの形ですが、顧客からの問合せに AI が回答するチャットボットという仕組みを作りこみ、無人で顧客対応を行うという会社も出てきました。

　さらにはロボアドバイザーといって、ネット上で簡単な質問に答えるとお勧めの商品を提案することも行われています。

　足元で、新型コロナ感染のためもあり、ネット生保の営業成績は上がっているようですが、この傾向が定着するかどうかは、消費者ニーズに応えるような多様な商品提供ができるかなど今後の取組みにかかっているといえそうです。

3　保険募集にあたっての情報革新

　これもインシュアテックとは認識されていないようですが、営業職員や代理店の従業員などが保険募集にあたって使用する情報端末は著しく進化しています。必要保障額を算定するファイナンシャルプランニング機能はもちろんのこと、提案書なども情報端末で提供可能です。

　さらには申込書も電子化している会社があり、申込みの署名をタブレット上で行えば申込みが完了するようになっています。

　もちろん第1回保険料の支払いはキャッシュレスでクレジットカードなどが利用でき、保険契約者は現金を用意する必要がありません。

　また、住所変更などの保全手続や給付金の請求も端末やオンラインで完結できることが普通になってきています。

　これらサービスをアプリで提供する会社もあり、それらのアプリでは無料健康相談ができるなどのメリットが提供されています。

4　インシュアテック商品

　前記Ⅱの Column32でも述べましたが、ウェアラブル端末で被保険者の運動量や心拍数などを計測して、ポイント換算をして、ポイント状況により毎年保険料を割り引くような商品が提供されています。

　また、業種としては、少額短期保険業者とはなりますが、justInCase の「わりかん がん保険」という商品があります。これはがんにり患した人への保険金および少額短期保険業者の運営経費を、その時の保険契約者（がんに

なった人を除く）が、年齢段階別に割算して、後払いする（割勘する）といったものです。

このように支払われた保険金を、契約者のグループ内で分担する方式をP2P（Peer to Peer：あえて訳すとすれば「同等者から同等者へ」）保険と呼ぶことがあります。

また、中国の事例ですが、デジタルプラットフォーム提供者（アリババグループ）が、がんや重大疾病にり患した場合に、一時金を支給し、その一時金と管理運営料を参加者で分担する「相互宝」（シャンフーバオ）という商品があります。加入者はすでに1億人を超えています。ただ、この商品は中国当局からは保険ではないと認定されているとのことです。

インシュアテックは自転車保険やペット保険、家財保険などで行われており、損害保険分野では多種多様な商品が提供されています。損害保険分野のほうが生命保険分野より進展しているようです。

5　金融サービス仲介業

電子決済代行業という事業があります。これらの事業者は銀行のシステムと接続して、顧客の指示により銀行の顧客口座残高を照会したり、銀行に送金指示を行ったりするフィンテック企業の一種です。

このような企業が、銀行預金、金融商品、保険商品等の媒介を行うことを認める法制度が2020年の通常国会を通過し、成立しています。

今まで銀行預金の媒介をする場合には、銀行代理業者としての許可が、金融商品の媒介をするには金融商品仲介業者としての登録が、保険商品の媒介は保険募集人としての登録が必要でした。そして、銀行代理業者の場合は銀行の指導監督を受け、金融商品仲介業者の場合は金融商品販売業者の指導監督を受け、保険募集人の場合は保険会社の指導監督を受ける、いわゆる所属会社制度をとっていました。

今回の法律制定（法律としては、金融商品の販売に関する法律の改正）によって、金融機関からは独立した立場で、金融サービス仲介業者として登録

することで、これら金融商品を販売することができるようになりました（図表10）。

　このような業者の事業は必ずしもネット上で行う必要はありませんが、金融サービス仲介業者は、当然に電子決済代行業ができることとされています（図表11）。

図表10　現在の金融商品媒介の法制度

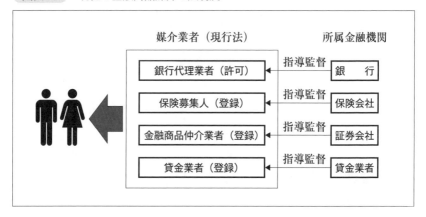

図表11　新しい金融仲介サービス法制

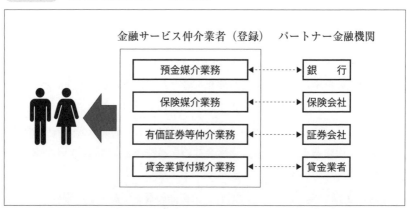

6　事務サービスの ICT 化

　保険会社の事務も ICT 化が進んでいます。日本生命では2014年から、RPA（Robotics Processing Automation：仮想知的労働者）を事務に応用しています。RPA とは、人間が PC 上で行う定型業務の自動化を可能にするソフトウェアのことを指します。

　「日生ロボ美」の愛称で呼ばれるソフトウェアは、金融機関窓口販売商品の事務を行っています。新規申込受付や保全手続、支払いといった事務全般を処理し、要員分で25人弱、業務量が窓口販売事務の20％をこなしているとの報道がありました。

　ユーザー自身が開発を行えるようになっており、紙の申込書の記載内容を基幹システムへ入力する作業などの定型業務に関しては、人間より業務速度が速く、また稼働時間を問いません。

　このような RPA は、現在は運用部門の業務でも活用されており、事務の効率化・高度化に役立っています。

V　新型コロナ禍における生命保険会社の動き

　本項が最終項です。本項では執筆現在、最大の課題である新型コロナによる生命保険会社の対応について説明します。

1　保険金・給付金の給付の特例扱い

　2020年に世界的な感染が発生した新型コロナでは、検査で陽性と判定された場合であっても、無症状あるいは軽症の場合は自宅療養、あるいは都道府県が借り上げたホテルでの療養とされました。そうすると民間の医療保険において、入院給付金の「入院」に該当するかどうかが問題となりました。入院は、自宅等での療養ができないときに、病院または診療所に入り、医師等の管理下において治療に専念することと約款では定義されています。

　しかし、今回の新型コロナでは、自宅やホテルでの療養も入院に該当するとして入院給付金の支払いを行うことが業界共通の取扱いとして行われました。

　また、一部生命保険会社では、新型コロナでの死亡について、災害死亡保険特約（疾病ではなく、事故により死亡した場合に保険金を支払う特約）の支払対象としているところがあります。

2　保険料支払猶予期間の延長

　東日本大震災などにおいても、保険料支払期限を経過し、さらに猶予期限を経過したことで、直ちに保険契約を失効させるとする取扱いを停止しました。今回の新型コロナ禍でも、最長6か月間、保険料払込猶予期間を延長しています。また、2020年9月末までに払込みが困難な場合は、さらに払込期限を2021年4月末まで延長しています。

　さらに保険契約者の資金需要に応ずるために、新規で利用される契約者貸付の金利も免除する生命保険会社が多かったようです。

3　対面営業の再開

　新型コロナの感染拡大によって、生命保険会社にも大きな影響が出ました。テレワークが要請され、営業や事務に携わる役職員の出社が厳しくなったこともありますが、特に、営業職員チャネルや代理店チャネルなど対年チャネルでは顧客との対面販売が難しくなったからです。

　2020年4月に発令された緊急事態宣言で生命保険各社は対面営業を自粛しました。同年5月の緊急事態宣言解除後は、顧客に了解が得られたときは、マスク・手指の消毒をしたうえで対面営業を再開しました。

　生命保険営業においては、顧客発見、ニーズ確認、商品提案など何度も顧客との間でやり取りがあります。毎回、対面というのは難しいこともあるかもしれません。そこで、活用されるのが電話、メール、SNS、DMを活用した非対面のアプローチです。

　顧客のニーズを確認し、あるいは保障内容が多岐にわたる商品を説明するには、どうしても対面でなければという場面が出てきます。しかし、そのような対面の場面は、なるべく回数を減らし、時間を短くするため、非対面の手段を有効に使うことが重要です。

　新型コロナ禍で、インターネット販売が一挙に進むことも考えられますが、保険販売員による顧客ニーズに対するアドバイスや、商品の丁寧な説明はいまだインターネット上では代替できていないものと思われます。

　保険販売員がリモートをうまく活用した営業方法に習熟するかどうかが、生命保険会社の大きな課題となっています。

　また、対面営業に制約があり、営業成績が上げられない営業職員の報酬をどうするかという問題があります。この点については、給与を一定保証する生命保険会社が多いようです。

索　引

さ　行

234

おわりに

　本書執筆時では、新型コロナ感染症が世界的に拡大をし続けており、コロナ前とコロナ後で世界が変わる場面に立ち会っているようです。ワクチンはいまだ普及しておらず、感染の波が繰り返し来ています。新型コロナによる業務のリモート化、デジタル化が急速に進んでいます。行政の手続でもハンコが必要な手続も極力削減する方向性が示されています。

　この変化は不可逆的で、折からのデジタル技術の進展とあいまって、密にならずに生活を行い、仕事を進めることが基準となってきているようにみえます。

　この危機をチャンスに変えられるかどうかが、生命保険会社にも問われています。

　カギはデジタルトランスフォーメーション（DX）にあるように思います。デジタルを通じて新たな価値創造ができるのか、新たな価値はどのようなものなのかが問われています。しかし、DX は将来を想定して積み上げていき達成するものというよりは、革新的な技術やビジネスモデルがあるタイミングで出現して、破壊による変革（ディスラプト）が一挙に進むといったようなものだと思われます。いまだ生命保険業界においてディスラプトは生じていないように見受けられ、したがって DX はその姿が明瞭ではありません。

　本書は時代が大きく変わりつつある中で執筆をしており、内容が一時的なものとならないように、伝統的なビジネスのあり方を踏まえつつ、そして最新の動きも加えています。読者にとって少しでも参考となれば、なによりと考えます。

2021年 4 月

松澤　登

はじめて学ぶ生命保険

著　　者	松　澤　　登
発　行　日	2021年 5 月25日
発　行　所	株式会社保険毎日新聞社
	〒110－0016　東京都台東区台東 4 －14－ 8
	シモジンパークビル 2 F
	TEL 03－5816－2861／FAX 03－5816－2863
	URL http://www.homai.co.jp/
発　行　人	森　川　正　晴
カバーデザイン	塚　原　善　亮
印刷・製本	広研印刷株式会社

Ⓒ2021　MATSUZAWA Noboru　Printed in Japan
ISBN978－ 4 －89293－441－ 4